ZWÖLF WILDE GÄNSE

IM MÄRCHENLAND IRLAND

Fotografien von Hans Siwik

ZWÖLF WILDE GÄNSE

IM MÄRCHENLAND IRLAND

Herder Freiburg · Basel · Wien

Für Chiara

Der Fotograf dankt der Irischen Fremdenverkehrszentrale
und der Air Lingus für die freundliche Unterstützung.

Die Textauswahl folgt dem Buch „Irische Elfenmärchen“
in der Übersetzung der Gebrüder Grimm
aus dem Jahre 1826. Die Orthographie wurde dem
heutigen Sprachgebrauch angepaßt und in einem Märchen
der Begriff „Hagebuche“ gegen „Eberesche“ getauscht.
Zwei Märchen, „Jamie Freel“ und „Zwölf wilde Gänse“,
wurden nach englischen Quellen nacherzählt von
Norbert Lechleitner, der auch die Auswahl besorgte.

Gedruckt auf umweltfreundlichem,
chlorfrei gebleichtem Papier

2. Auflage

Leicafotografie Hans Siwik
Reproduktionen: Scan-Studio Hofmann, Freiburg
Herstellung: Freiburger Graphische Betriebe 1996
ISBN 3-451-23169-7

INHALT

Jamie Freel und die schöne Jungfrau

Das Märchen von
Jamie, der die Elfen überlistete

♦

In längst vergangenen Zeiten lebten in einem kleinen Haus in Fannet Jamie Freel und seine Mutter. Er war der Witwe einzige Hilfe und arbeitete unermüdlich. Jeden Samstagabend gab er ihr seinen Verdienst und dankte seiner Mutter gehorsam für den Halfpence, den sie ihm als Taschengeld für seinen Tabak lohnte.

Jamie war in der ganzen Gegend beliebt und seine Nachbarn sprachen von ihm als dem fürsorglichsten Sohn, den sie jemals erlebt hätten.

Andere Nachbarn aber waren der Meinung, daß er ahnungslos und unwissend sei; diese Nachbarn waren Elfen, die zwar in seiner engsten Nähe wohnten, die Sterbliche aber für gewöhnlich nur äußerst selten zu Gesicht bekommen, es sei denn, in lauen Maiennächten oder beim Halloween-Fest zu Allerheiligen.

Kaum mehr als eine Viertelmeile von Jamies Haus entfernt erhob sich die Ruine einer alten Burg. Man erzählte sich im Dorf, daß dort die Elfen ihre Wohnstatt hätten. Denn in jeder Halloweennacht waren Lichter in den leeren Fensterhöhlen zu sehen, und jeder, dessen Weg in einer solchen Nacht an der Ruine vorbeiführte, konnte im Zauberschein kleine Gestalten sich beim Klange der Flöten und Schalmeien im Tanze hin und her bewegen sehen, als ob, wie in alten Zeiten, in der Burg ein Fest gefeiert würde.

Alle wußten, daß dort die Elfen feierten und tanzten, aber niemand getraute sich, sie dort zu besuchen.

Jamie hatte die kleinen Gestalten oft aus der Entfernung beobachtet, hatte ihrer zauberhaften Musik gelauscht und war doch immer neugierig, wie es wohl bei dem Fest in der Burg zugehen mochte.

Doch an einem Halloweenabend nahm er seine Mütze vom Haken, setzte sie entschlossen auf und sagte seiner Mutter: „Ich gehe jetzt zur Burg und will sehen, ob ich dort nicht mein Glück machen kann."

„Was willst du?", schrie sie entsetzt auf, „du, der einzige Sohn einer armen Witwe. Willst du dich ins Unglück stürzen, du Dummkopf? Umbringen werden sie dich, und was soll dann aus mir werden?"

„Ach, hab keine Angst, Mutter, mir wird schon nichts geschehen, aber hingehen muß ich."

Er schloß die Tür hinter sich, stapfte über das Kartoffelfeld, und als er sich der Ruine näherte, sah er die Fensteröffnungen erhellt von strahlendem, festlichem Licht, das die Blätter des unterhalb stehenden Holzapfelbaumes in leuchtendes Gold verwandelte.

Im Gebüsch am Fuße der Ruine schlich sich Jamie langsam näher, denn der Gesang und das Gelächter des kleinen Volkes ließen ihn mutiger werden.

Vorsichtig spähte er durch eine Fensteröffnung, und er sah eine Vielzahl Elfen, der größte von ihnen nicht größer als ein fünfjähriges Kind, wie sie zum Klange der Flöten und Geigen sich im Tanze drehten, während andere beim Essen saßen und tranken.

Aber da wurde er auch schon entdeckt. „Willkommen, Jamie Freel, sei willkommen", rief die ganze Gesellschaft ihm zu, und der Gruß eilte von einem zum andern und hallte in der ganzen Burg wider.

Jamie gesellte sich zu ihnen, und die Zeit eilte im Nu, als seine Gastgeber zu ihm sagten: „Heute nacht reiten wir nach Dublin, um eine Jungfrau zu stehlen. Willst du mit uns kommen, Jamie Freel?"

„Na, klar doch, komme ich mit", rief Jamie aus, dem es nach einem neuen Abenteuer gelüstete.

Vor dem Tor wartete eine Schar Pferde. Jamie saß auf, und sofort stieg sein Pferd steil in die Luft. Er flog über das Haus seiner Mutter, die Elfen begleiteten ihn, und fort ging die wilde Jagd durch die Luft, über Berge und Hügel, über den tiefen Lough Swilley, über Städte und Dörfer, wo Leute Nüsse schmorten und Äpfel aßen und ein fröhliches Halloweenfest feierten. Jamie hatte den Eindruck, daß sie ganz Irland umrunden wollten, bevor sie Dublin endlich erreichten.

„Da unten ist Derry", rief einer der Elfen, und der Ruf eilte von Mund zu Mund, „Derry! Derry! Derry!", als sie die Spitze der Kathedrale überflogen.

So wußte Jamie immer, wo sie gerade waren, und schließlich riefen die silbernen Stimmen: „Dublin, Dublin!"

Sie flogen hinab und zügelten die Pferde neben dem Fenster eines der vornehmsten Häuser von Stephen's Green.

Neugierig spähte Jamie ins Zimmer und sah eine wunderschöne schlafende Jungfrau in ihrem eleganten Bette liegen. Plötzlich entschwebte sie ihrem Bette, wurde von unsichtbaren Händen fortgetragen, und ein Stock, der nun an ihrer Stelle im Bett lag, nahm genau die Gestalt der Jungfrau an.

Die junge Dame wurde vor einem Reiter auf dessen Pferd gesetzt; der ritt mit ihr eine Weile im Galopp davon, dann übergab er sie einem anderen Reiter, und alle riefen sich, wie auf dem Hinweg, die Namen der Städte, Dörfer, Berge, Flüsse und Seen zu, die sie auf ihren Elfenpferden überflogen.

Als Jamie sie „Rathmullan", „Milford", „Tamney" rufen hörte, wußte er, daß sie sich seinem Hause näherten.

„Ihr alle habt die junge Dame nun schon in den Armen gehalten", rief er. „Wollt ihr sie mir für ein kurzes Stück nicht auch 'mal lassen?"

„Natürlich, Jamie", erwiderten sie fröhlich, „jetzt bist du an der Reihe, mit ihr zu reiten."

Jamie drückte die schöne junge Dame fest an sich – und ritt geschwind hinab zum Hause seiner Mutter.

„Jamie Freel, Jamie Freel! Ist das etwa die Art, mit der du unser Vertrauen belohnst?", riefen die Elfen und jagten hinter ihm her.

Doch Jamie hielt fest, was auch immer er im Arm zu halten schien: unter dem Zauberbann der Elfen meinte er, statt des Fräuleins einen großen schwarzen Hund zu umarmen, der wütend bellte und ihn beißen wollte; dann wieder einen hellglühenden Eisenklotz, der ihn dennoch nicht brannte; dann wieder einen mit Wolle gefüllten Sack.

Aber Jamie ließ nicht los, und die überlisteten Elfen wollten ihn schon murrend stehen lassen, als eine winzige kleine Elfin, die kleinste von allen, ihn mit den Worten verfluchte: „Jamie Freel hat sie uns gestohlen, und darum soll er an ihr keine Freude mehr haben, denn sie soll von nun an taub und stumm sein“, und es sah aus, als ob sie bei ihrem Fluche etwas über die Jungfrau werfe.

Dann ritten die Elfen ungestüm davon, und Jamie ging ins Haus.

„Jamie, wo hast du dich denn nur die ganze Nacht herumgetrieben, was ist passiert?“ rief seine Mutter ihm entgegen.

„Nichts Schlimmes, Mutter, sei unbesorgt; ich habe eine ganze Menge Glück gehabt und dir zur Gesellschaft eine junge hübsche Dame mitgebracht.“

„Der Herr segne und rette uns“, stöhnte seine Mutter und war gar nicht überrascht, daß ihr für einige Augenblicke die Worte fehlten.

Ausführlich erzählte Jamie der erstaunten

Mutter seine nächtlichen Abenteuer und sagte zum Schluß: „Du würdest doch sicherlich nicht gewollt haben, daß ich sie in der Gewalt der Elfen ihrem Schicksal überlassen hätte und sie für immer verloren gewesen wäre?“

„Aber sie ist eine Dame, Jamie! Und wie können wir einer jungen Dame unsere kärgliche Kost und unsere armselige Lebensweise zumuten, das möchte ich gerne von dir wissen, du dummer Kerl?“

„Jedenfalls, Mutter, ist es für sie besser, hier bei uns als drüben bei denen in der Ruine zu sein.“

Inzwischen war die junge Frau, der es in ihrem leichten Nachtgewande zu kalt geworden war, zum Kamin hinübergegangen, in dem ein Torffeuer glomm.

„Armes junges Ding“, murmelte Jamies Mutter voller Sorge, „sie ist so hübsch und freundlich, kein Wunder, daß die Elfen sich in sie verliebt haben und sie zu sich holen wollten. Zuerst muß sie etwas Richtiges zum Anziehen haben; aber was, um Himmels willen, kann denn jemand wie ich jemandem wie ihr als passende Kleidung anbieten?“

Sie holte aus dem Kleiderschrank ihr Sonntagskleid aus grobem braunen Wollstoff, aus einer Schublade nahm sie ein Paar weiße Strümpfe, ein langes weißes Leinenunterkleid, ihre Totenkleidung, wie sie die Sachen nannte.

Diese wenigen guten Kleidungsstücke hatte sie sich für ihren letzten Weg gespart, und nun gab sie sie für ihren armen, in Not geratenen Gast her, der ängstlich und verwundert von einem zum anderen blickte.

Das arme Mädchen zog sich die warmen Kleider an und setzte sich auf einen Schemel neben das Kaminfeuer. Sie barg ihr Gesicht in ihren Händen.

„Nun, Jamie, was willst du anstellen, um eine junge Lady wie sie zu ernähren und zu unterhalten?“ rief die alte Frau.

„Ich werde eben für drei arbeiten“, erwiderte Jamie.

„Und wie soll eine junge Dame wie sie sich bei

unserem ärmlichen Leben wohlfühlen können?" wiederholte sie.

„Ich werde für sie arbeiten, Mutter, so wie ich für uns gearbeitet habe", war wiederum Jamies Antwort.

Und er hielt sein Wort. Lange Zeit war die junge Dame sehr traurig, und oft rollten ihr die Tränen über die zarten Wangen, wenn sie am Abend vor dem Kaminfeuer saßen, die alte Frau das Spinnrad drehte und Jamie Lachsnetze flickte, eine Arbeit, die er noch zusätzlich angenommen hatte, um allen das Leben zu Dritt etwas zu erleichtern.

Ihr Gast war immer sehr freundlich. Das Mädchen versuchte zu lächeln, wenn sie bemerkte, daß die Blicke auf ihr ruhten, und allmählich gewöhnte sie sich an die ihr ungewohnten Lebensumstände. Nach einiger Zeit übernahm sie es, das einzige Schwein zu versorgen, stampfte Kartoffeln und Mehl für die Hühner und strickte Socken aus dicker blauer Wolle.

So ging ein Jahr vorüber, und wieder war es Halloween, als Jamie zu seiner Mutter sagte: „Ich gehe rauf zur Burgruine, um mein Glück zu suchen."

„Bist du auf den Kopf gefallen, mein Junge? Wenn du ihnen in die Hände fällst, werden sie dich umbringen, für das, was du ihnen letztes Jahr angetan hast!"

Jamie versuchte sie zu beruhigen und ging fort.

Als er beim Gebüsch am Holzapfelbaum ankam, sah er die Ruinenfenster hell erleuchtet wie im Jahr zuvor und vernahm die lauten fröhlichen Stimmen der Elfen. Er schlich zu einem Fenster und hörte die Elfen sagen: „Das war ein ganz übler Streich, den Jamie Freel uns letztes Jahr spielte, als er die junge Lady entführte."

„Ja", sagte die kleinste Frau, „und ich habe ihn dafür bestraft. Jetzt sitzt sie da, und er macht sich große Sorgen um sie; aber er weiß ja nicht, daß nur drei Tropfen aus dem Glas, daß ich in meiner Hand halte, genügen würden, sie wieder Sprechen und Hören zu machen."

Jamie schlug das Herz bis zum Halse, als er in die Burghalle trat. Doch laut und fröhlich begrüßten ihn die Elfen im Chor: „Willkommen, Jamie Freel! Jamie ist wieder da! Willkommen!"

Nachdem es etwas ruhiger geworden war, rief die kleinste Elfenfrau ihm zu: „Komm her, Jamie Freel, und trinke aus meinem Glas einen Schluck auf dein Wohl."

Jamie nahm ihr Glas – und eilte zur Tür. Er konnte später nie sagen, wie er es nach Hause geschafft hatte, aber völlig atemlos kam er dort an und sank auf den Schemel beim Kaminfeuer.

„Diesmal haben sie dich sicher umgebracht, mein armer Junge", sagte seine Mutter.

„Nein, wirklich nicht, im Gegenteil, diesmal hatte ich noch mehr Glück!" Und er gab der jungen Lady drei Tropfen der Flüssigkeit, von der noch ein winziger Rest im Glas die wilde Jagd über den Kartoffelacker überstanden hatte.

Da wich der Zauber von ihr, und Jamie und seine Mutter hörten zum erstenmal ihre liebliche Stimme. Mit ihren ersten Worten dankte sie Jamie für ihre Rettung.

Die drei Hausbewohner hatten sich so viel zu erzählen, daß sie noch beim Krähen der Hähne am Feuer saßen und die Musik des Elfenfestes schon längst verklungen war.

„Jamie, gib mir bitte Papier, Feder und Tinte", sagte das Mädchen, „damit ich meinem Vater mitteilen kann, was mir widerfahren ist."

Sie schrieb einen Brief, doch Wochen vergingen und keine Antwort kam; wieder und wieder schrieb sie, doch vergebens erhoffte sie eine Antwort von ihrem Vater.

Schließlich sagte sie zu Jamie: „Komm mit mir nach Dublin, um meinen Vater aufzusuchen."

„Aber ich habe doch kein Geld, um eine Kutsche für dich zu mieten", erwiderte Jamie, „und zu Fuß kannst du doch unmöglich nach Dublin wollen."

Aber sie bat ihn so inständig, daß er einlenkte und sie sich zu Fuß auf den langen Weg von Fannet nach Dublin machten. Das war freilich viel beschwerlicher als auf Elfenpferden durch die Luft

zu eilen; aber schließlich standen sie doch vor der Tür des Hauses in Stephen's Green und zogen die Klingel.

„Sag' meinem Vater, seine Tochter sei hier", trug sie dem Diener auf, der die Türe öffnete.

„Der Herr, der hier wohnt, hat keine Tochter, mein Fräulein. Er hatte zwar eine, aber sie ist vor gut einem Jahr gestorben."

„Erkennst du mich denn nicht, Sullivan?"

„Nein, armes Mädchen, ich weiß nicht, wer du bist!"

„Bitte deinen Herrn zu kommen, ich möchte ihn sprechen."

„Ich will sehen, was ich tun kann."

Nach einigen Minuten öffnete der Vater der jungen Lady vorsichtig die Haustüre.

„Lieber Vater“, sagte das Mädchen, „ich bin's, erkennst du mich?“

„Wie kommst du dazu, mich Vater zu nennen?“ rief der alte Herr ärgerlich. „Du bist eine Betrügerin. Ich habe keine Tochter mehr.“

„Schau doch in mein Gesicht, Vater, dann wirst du dich an mich erinnern!“

„Meine Tochter ist tot und begraben. Sie starb vor langer, langer Zeit“, entgegnete er mit einer Stimme, aus der mehr Trauer als Ärger klang. „Geh' jetzt bitte.“

„Bitte, lieber Vater, sieh' dir erst den Ring an meinem Finger an, in dem dein Name und der meine eingraviert ist.“

„Ja, das ist zweifellos der Ring meiner Tochter, ich erkenne ihn wieder. Aber ich weiß nicht, wie du an ihn gekommen bist; das ging sicher nicht mit rechten Dingen zu."

Bei dieser bösen Beschuldigung begann das arme Mädchen bitter zu weinen und schluchzte: „Rufe bitte meine Mutter, ich weiß, daß sie mich erkennen wird."

„Meine arme Frau beginnt gerade ihren Kummer zu überwinden. Sie spricht jetzt kaum noch von ihrer Tochter. Warum soll ich ihr Schmerzen bereiten und sie an ihre verlorene Tochter erinnern?"

Aber die junge Dame beharrte auf ihrem Wunsch, und endlich wurde die Mutter zur Türe gebeten.

„Mutter", rief sie, als die alte Frau vor ihr stand, „erinnerst auch du dich nicht an deine einzige Tochter?"

„Ich habe keine Tochter mehr", antwortete die gramgebeugte Frau.

„Meine Tochter starb und wurde begraben, und das ist lange, lange her."

„Dann schau doch in mein Gesicht, und du wirst mich sicher wiedererkennen."

Aber die Mutter schüttelte den Kopf.

„Ihr habt mich also alle vergessen? – Aber sieh dir bitte dieses Mal auf meinem Halse an. Sicherlich, Mutter, wirst du mich jetzt erkennen!"

„Ja doch, aber ja!" rief die alte Frau in höchstem Erstaunen. „Meine Gracie hatte ein Muttermal an dieser Stelle, genau wie du! – Aber ich sah sie doch in ihrem Sarg liegen und sah auch, wie sich über ihr der Deckel schloß!"

Jetzt aber war Jamie an der Reihe, alles zu erklären, und er erzählte die ganze unglaubliche Geschichte von seiner Reise mit den Elfen, vom Raub der jungen Dame, von der Zauberfigur, die sie stattdessen in ihr Bett gelegt hatten, von ihrem Leben mit ihm und seiner Mutter in ihrem armen Haus unten in Fannet, schließlich von Halloween und dem Geheimnis der drei Tropfen, die sie von ihrem Fluch erlösten.

Und Gracie ergänzte seine Erzählung und berichtete, wie liebevoll sie von Jamie und seiner Mutter aufgenommen worden war.

Die Eltern waren voll des Lobes für die erwiesene Freundlichkeit und dankten Jamie von ganzem Herzen. Doch als Jamie sagte, daß er nun nach Hause zurückkehren müßte, wußten die glücklichen Eltern nicht, wie sie ihm ihre Dankbarkeit beweisen könnten.

In ihrer Verlegenheit wurden sie von den schüchternen Einwendungen ihrer Tochter unterbrochen, die Jamie nicht allein fortlassen wollte. „Wenn Jamie geht, dann gehe ich mit ihm", sagte sie mit Bestimmtheit.

„Er war es, der mich aus der Hand der Elfen rettete, und er hat seither schwer gearbeitet, damit ich etwas zu essen hatte. Wenn er nicht gewesen wäre, hättet ihr, liebe Eltern, mich niemals wiedergesehen. Wenn er geht, dann werde ich auch gehen!"

Das war ihr fester Entschluß, und der alte Mann sagte: „Dann muß Jamie unser Schwiegersohn werden." Seine Mutter wurde in einer Kutsche aus Fannet geholt, und sie feierten alle zusammen eine fröhliche Hochzeit mit vielen Gästen, und Jamie erbte nach dem Tod seines Schwiegervaters ein großes Vermögen. So lebten Jamie und Gracie glücklich bis an ihr seliges Ende. ♦

Das Feld mit Ebereschen

Das Märchen vom
listigen Cluricaun

♦

Thomas Fitzpatrick war der älteste Sohn eines wohlhabenden Pächters, der zu Ballincolig in der Grafschaft Cork lebte. Thomas, ein munterer, hübscher, reinlicher Bursche, der jedermann gefiel, wer ihn ansah, hatte gerade neunundzwanzig Jahr erreicht, als er folgende Begebenheit erlebte.

An einem schönen Herbsttage, es war am Tage Unserer Lieben Frau, der, wie jeder weiß, einer der größten Feiertage ist, streifte Thomas über die Weiden und ging an der Sonnenseite einer Hecke daher, während er bei sich bedachte, worin wohl das Unrecht liegen möchte, wenn die Leute, statt müßig umherzulaufen und nichts zu tun, das Heu aufschüttelten und den Hafer in Garben aufbänden, der bereits gemäht war, zumal da das Wetter wieder anfing, unbeständig zu werden. Da hörte er plötzlich ein klapperndes Geräusch nicht weit von sich in der Hecke. „Ei der Tausend!" sagte Thomas, „das ist ja wunderbar, noch so spät im Jahre die Schmätzer singen zu hören!" Er schlich auf den Zehen herbei, ob er die Ursache des Geräusches zu Gesicht bekommen könnte und er sich in seiner Vermutung nicht geirrt habe.

Das Geklapper hörte auf; aber als Thomas scharf durch das Buschwerk sah, so erblickte er in einer Ecke des Zauns einen braunen Krug, der etwa sechs Maß Flüssigkeit halten konnte, und nahe dabei ein winziges, altes Männchen mit gekremptem Hut auf dem Kopf und ledernem Schürzchen, das vorne herabhing. Es schleppte einen kleinen hölzernen Stuhl herbei, stieg darauf, tauchte ein kleines Eimerchen in den Krug und zog es voll wieder heraus, stellte es neben den Stuhl und setzte sich dann an den Krug und fing an zu arbeiten, indem es auf einen kleinen Schuh, wie er gerade für sein Füßchen paßte, einen Flicken aufschlug. „So wahr ich lebe", sprach Thomas zu sich selbst, „ich habe oft von einem Cluricaun reden hören, aber ehrlich zu gestehen, ich habe nie recht daran geglaubt; doch hier ist einer in allem Ernst. Wenn ich geschickt zu Werke gehe, so bin ich ein gemachter Mann. Wie ich gehört habe, darf man die Augen nicht von ihm abwenden, oder er weiß zu entwischen."

Thomas schlich sich jetzt herbei und richtete die Augen auf ihn, wie eine Katze auf die Maus, oder wie man liest, daß die Klapperschlange tut, wenn sie die Vögel festbannen will. So kam er ganz nahe zu ihm: „Gott segne Eure Arbeit, Nachbar!" sagte Thomas.

Der Kleine richtete den Kopf in die Höhe: „Ich danke Euch schönstens“, antwortete er.

„Mich wundert, daß Ihr an dem heiligen Tage arbeitet“, sagte Thomas.

„Das ist meine Sorge, nicht Eure.“

„Freilich“, sprach Thomas, „aber Ihr seid ja wohl so gut und sagt mir, was Ihr da in der Kanne habt?“

„Herzlich gerne“, antwortete der Kleine, „es ist gutes Bier.“

„Bier!“ rief Thomas, „Blitz und Hagel! – wie seid Ihr dazu gekommen?“

„Wie ich dazu gekommen bin? Gebraut habe ich es. Und wie denkt Ihr, habe ich es gemacht?“

„Das mag der Kuckuck wissen!“ sprach Thomas, „ich denke aus Malz, woraus sonst?“

„Ihr irrt, ich mache es aus Heide."

„Aus Heide!" rief Thomas, indem er in lautes Lachen ausbrach, „Ihr denkt doch nicht, daß ich ein solcher Narr wäre, um das zu glauben?"

„Wie es Euch beliebt", antwortete er, „doch was ich Euch sage, ist wahr. Habt Ihr nie etwas von den Dänen erzählen gehört?"

„Gewißlich habe ich das", sagte Thomas, „waren das nicht die Burschen, die wir ins Gebet nahmen, als sie uns Limerick zu entreißen gedachten?"

„Geht", sagte der Kleine mit geringschätziger Miene, „ist das alles, was Ihr davon wißt?"

„Nun, was ist denn mit den Dänen?" fragte Thomas.

„Die Sache ist diese: Als sie hier waren, so lehr-

ten sie uns Bier aus Heide machen, und das Geheimnis ist seitdem immer in meiner Familie geblieben."

„Gebt Ihr einem zu versuchen von Eurem Bier?" sprach Thomas.

„Ich will Euch etwas sagen, junger Mann. Es würde Euch besser ziemen, Eures Vaters Haushalt zu besorgen, als bescheidene und ruhige Leute mit Euren dummen Fragen zu quälen. Eben jetzt, während Ihr Eure Zeit in Müßiggang zubringt, sind die Kühe in den Hafer geraten und haben die Frucht ganz niedergetreten."

Thomas erschrak über die Nachricht so sehr, daß er eben im Begriff war, sich umzuwenden, als er sich noch besann. Und da er befürchtete, es könnte ihm abermals begegnen, so grapschte er nach dem Kleinen und packte ihn mit der Hand; doch in der Hast warf er die Kanne um und verschüttete all das Bier, so daß er es nicht versuchen und nicht sagen konnte, von welcher Art es gewesen sei. Er schwur dem Kleinen zu, daß er ihm kein Leid zufügen wollte, wenn er ihm zeigte, wo sein Geld wäre. Thomas sah so böse und blutdürstig aus, daß der Cluricaun sich gewaltig fürchtete. „Kommt mit mir“, sprach er, „über ein paar Felder, so will ich Euch einen Topf voll Gold zeigen.“

Sie gingen fort, und Thomas hielt den Kleinen fest in der Hand und wendete die Augen nicht von ihm weg. Sie mußten über Zaun und Graben, denn der Cluricaun schien aus bloßer Schadenfreude den härtesten und beschwerlichsten Weg auszusuchen, bis sie endlich auf ein Feld kamen, das ganz mit Ebereschen angefüllt war, und der Cluricaun ging auf einen dicken Stamm zu und sprach: „Grabt nur unter dieser Eberesche; Ihr werdet einen ganzen Topf voll Goldstücke finden.“

Thomas hatte in der Hast nicht daran gedacht, einen Spaten mitzunehmen; er wollte nach Hause laufen und einen holen, und um die Stelle desto besser wiederzufinden, nahm er eins von seinen roten Strumpfbändern, das er um den Stamm der Eberesche knüpfte.

„Ich denke, Ihr bedürft meiner nicht weiter“, sagte der Cluricaun mit Höflichkeit.

„Nein“, antwortete Thomas, „Ihr könnt Eurer Wege gehen, wenn's Euch beliebt. Gott geleite Euch, und gutes Glück folge Euren Schritten.“

„Laßt's Euch wohl ergehen, Thomas Fitzpatrick“, sagte der Cluricaun, „und möge Euch alles zum Glück ausschlagen!“

Thomas rannte wie besessen nach Hause und holte einen Spaten und lief ebensoschnell, wie er nur konnte, wieder nach dem Felde zurück. Aber wie er ankam, siehe da! – Keine Eberesche auf dem Felde, um die er nicht ein rotes Strumpfband gefunden hätte, dem seinigen völlig ähnlich, und es wäre ein unsinniger Gedanke gewesen, das ganze Feld umzugraben, denn es enthielt mehr als vierzig Acker Land.

Thomas ging also mit seinem Spaten auf der Schulter nach Hause, ein wenig kühler, als er gekommen war, und verwünschte den Cluricaun, sooft er an den sauberen Streich dachte, den er ihm gespielt hatte. ♦

Zwölf wilde Gänse

Das Märchen von
den verwunschenen Brüdern

♦

Es waren einmal ein König und eine Königin, die lebten glücklich zusammen mit ihren zwölf Söhnen. Doch war ihnen nie eine Tochter geboren worden. Wir Menschen sehnen uns ja immer nach dem, was wir nicht haben, und sind wenig zufrieden mit dem, was wir besitzen. Ebenso fühlte die Königin.

Eines Tages im Winter, als der Schloßhof mit Schnee bedeckt war, saß die Königin am Fenster und sah draußen, wie der Metzger eben ein Kalb schlachtete und bemerkte nahebei einen Raben, der auf Beute lauerte.

„Ach", seufzte die Königin, „wenn ich doch nur ein Töchterchen hätte mit einer Haut so weiß wie der Schnee, Wangen so rot wie das Blut und Haaren so schwarz wie die Federn des Raben, so gäbe ich alle meine zwölf Söhne für sie her." Aber kaum hatte sie die Worte gesprochen, erfüllte sie große Furcht, ein angstvoller Schauer ging ihr durchs Herz, und augenblicklich stand eine strenge und ernst aussehende alte Frau vor ihr.

„Das war ein törichter Wunsch, den du aussprachst", sagte sie, „und um dich zu strafen, wird er dir erfüllt werden: Du wirst eine Tochter haben, wie du sie dir erträumtest, aber am Tage ihrer Geburt wirst du deine anderen Kinder verlieren." Sie entschwand, kaum daß ihre Worte verklungen waren.

Und der Tag, an dem die Weissagung sich erfüllen sollte, kam näher. Als das Unglück heraufzog, waren alle Söhne im großen Saal des Schlosses versammelt, ringsum beschützt von starken Wachen.

In der Stunde der Geburt des Töchterchens vernahmen die Wachen, wie plötzlich ein großes Sausen und Brausen in dem Saale sich erhob, und sie sahen die zwölf Prinzen einen nach dem anderen durch das offene Fenster wie Pfeile über die Wälder davonfliegen. Der König versank in große Trauer über den Verlust seiner Söhne, und er wäre sehr wütend über seine törichte Gattin gewesen, wenn er nur gewußt hätte, daß sie die Ursache des Unglücks war.

Jedermann nannte die kleine Prinzessin wegen ihrer außergewöhnlichen Schönheit nur Schneeweiß-und-Rosen-rot. Sie war das liebenswürdigste und beliebteste Kind, das jemals irgendwo gelebt hatte.

Als es zwölf Jahre alt geworden war, begann es sich sehr traurig und einsam zu fühlen, und zum Entsetzen seiner Mutter fing es an, sich bei ihr nach seinen Brüdern zu erkundigen, von denen es annahm, daß sie gestorben waren, denn niemand hatte ihm bisher erzählt, was damals wirklich mit ihnen geschehen war. Das schreckliche Geheimnis lastete schwer auf dem Herzen der Königin, und da die Prinzessin nicht aufhörte zu fragen, erzählte sie ihr schließlich, wie alles geschehen war.

„Jetzt, Mutter", sagte die Prinzessin, „weil ich nun weiß, daß meine armen Brüder meinetwegen in wilde Gänse verwandelt wurden und große Leiden ertragen müssen, will ich sofort aufbrechen und meine Brüder suchen, bevor auch nur ein weiterer Tag vergangen ist, und ich will alles ver-

suchen, ihnen ihre eigene Gestalt wiederzugeben."

Der König und die Königin hatten ihr Töchterchen zwar gut behütet und bewacht, aber das half alles nichts. In der kommenden Nacht schlich sie sich heimlich aus dem Schloß und verschwand in den umliegenden Wäldern und hörte nicht auf zu laufen bis zum Abend des nächsten Tages. Sie hatte ein paar Küchlein mitgenommen und pflückte unterwegs Nüsse und Beeren, um ihren Hunger zu stillen.

Gegen Sonnenuntergang kam sie schließlich zu einem hübschen Holzhaus, das von einem Garten mit den herrlichsten Blumen und einer Hecke mit einem Tor umsäumt war. Sie ging hinein und sah auf einem Tisch zwölf Teller stehen, zwölf Messer und Gabeln und zwölf Löffel, und Kuchen, kaltes Rebhuhn und Früchte, und ein wärmendes Feuer brannte im Kamin, und in einem weiteren großen Zimmer standen zwölf Betten. Und als sie dort staunend stand, hörte sie, wie das Gartentor geöffnet wurde, viele Schritte sich näherten, und herein kamen zwölf junge Männer, die sie schmerzerfüllt anschauten.

„Welches Unglück schickt dich denn hierher?" fragte der Älteste. „Eines Mädchens wegen wurden wir gezwungen, das Schloß unseres Vaters zu verlassen und für immer in der Gestalt von Wildgänsen zu leben. Das geschah vor genau zwölf Jahren, und wir haben gemeinsam geschworen, das erste junge Mädchen zu töten, das in unsere Hände fällt. Es ist bedauerlich, daß es ein so nettes und hübsches Mädchen wie dich trifft, aber wir können unseren Schwur nicht brechen."

„Aber ich bin doch eure einzige Schwester", erwiderte die Prinzessin mit Entsetzen, „und bis gestern wußte ich nichts von eurem Schicksal; letzte Nacht habe ich mich heimlich aus dem Schloß unserer Eltern fortgeschlichen, um euch zu finden und zu erlösen, wenn ich nur kann."

Voller Verzweiflung rangen die Brüder ihre Hände, schlugen dann betrübt die Augen nieder, und in der lähmenden Stille hätte man eine Stecknadel zu Boden fallen hören können, bis

der Älteste voller Zorn und Schmerz ausrief: „Ein Fluch liegt auf unserem Schwur! Was sollen wir denn jetzt nur tun?"

„Das werde ich euch sagen", antwortete eine alte Frau, die augenblicklich bei ihnen erschienen war. „Vergeßt zunächst euren törichten Schwur, den ohnehin niemand halten kann. Wenn ihr eurer kleinen Schwester auch nur ein Härchen krümmt, werde ich euch in zwölf Vogelscheuchen verwandeln. Doch ich will nur Gutes für euch, ebenso wie für eure Schwester. Sie allein kann euch erlösen!

Zwölf Hemden muß sie für euch aus Sumpfgras spinnen und stricken, das sie eigenhändig beim Moor gerade jenseits des Waldes gesammelt hat. Fünf Jahre wird sie dafür brauchen, und

wenn sie in der ganzen Zeit auch nur ein einziges Mal spricht, lacht oder weint, werdet ihr bis an euer Lebensende zwölf wilde Gänse bleiben. Behütet also eure Schwester wohl, denn sie ist eure einzige Hoffnung."

Die Fee verschwand, und sogleich drängelten sich die Brüder um ihr Schwesterchen, denn jeder wollte sie als erster küssen und umarmen.

Drei Jahre lang hatte die arme kleine Prinzessin nun schon Sumpfgras gepflückt, versponnen und zu Hemden gestrickt, und am Ende der drei Jahre hatte sie acht Hemden fertig. Während der ganzen langen Zeit hatte sie kein einziges Wort gesprochen, nie gelacht, niemals geweint, und dies fiel ihr am allerschwersten.

An einem sonnigen Tage saß sie spinnend im

Garten, als ein schöner Windhund zu ihr sprang, sich aufrichtete, ihr die Pfoten auf die Schultern legte und ihr über Gesicht und Haare leckte. Im nächsten Augenblick ritt ein hübscher junger Prinz vor das kleine Gartentor, nahm mit einer eleganten Bewegung seinen Hut vom Kopfe und bat um die Erlaubnis, eintreten zu dürfen. Das erlaubte sie mit einem kleinen Nicken, und der Prinz kam näher.

Tausendmal entschuldigte er sich für seine Aufdringlichkeit und stellte gleichzeitig doch viele Fragen, aber kein Laut kam über ihre Lippen. Gleich im ersten Augenblick ihrer zufälligen Begegnung hatte er sich in sie verliebt, und er konnte sie nicht verlassen, ohne ihr zu erklären, daß er der König eines Landes sei, welches direkt an den Wald angrenze, und er bat sie, mit ihm auf sein Schloß zu kommen und seine Gemahlin zu werden.

Sie konnte nichts dagegen ausrichten, sich gleichermaßen so sehr in ihn zu verlieben, wie er sich in sie, und obwohl sie vielmals ihren Kopf geschüttelt hatte und es nicht übers Herz brachte, ihre Brüder zu verlassen, nickte sie schließlich doch und legte ihre Hand in die seine. Sie war überzeugt, daß die gute Fee und ihre Brüder sie finden würden. Aber bevor sie ging, legte sie alles Sumpfgras in einen Korb und die acht Hemden in einen anderen. Die Diener übernahmen die Körbe, und der Prinz setzte die Prinzessin vor sich auf sein Pferd.

Die einzige Sorge, die er auf seinem Heimritt hatte, war der Gedanke an seine Stiefmutter, die sich über das, was geschehen war, fürchterlich ärgern würde! Aber schließlich war er der König und kaum, daß sie auf seinem Schloß angekommen waren, schickte er nach dem Bischof, ließ seine Braut fürstlich einkleiden und sie wurden getraut, indem die Prinzessin durch Zeichen ihre Zustimmung gab. Der König wußte von ihrer edlen Haltung, daß sie von vornehmer Geburt war, und niemand konnte sich herzlicher lieben, als die beiden.

Die verärgerte Stiefmutter aber tat alles, um die Schwiegertochter herabzusetzen; sie erzählte, daß sie sicher sei, die Königin sei nur die Tochter eines Holzfällers, aber nichts konnte das Vertrauen des Königs in seine Gemahlin erschüttern.

Nach gebührender Zeit ward die junge Königin von einem gesunden, hübschen Knäblein entbunden und der König war so glücklich, daß er seine Freude kaum zu fassen vermochte. All die Pracht und Herrlichkeit der Taufe und das Glück der Eltern setzten der bösen Frau mehr zu, als sich mit Worten sagen läßt, und sie beschloß, dem Glück der Eltern ein Ende zu setzen.

Sie gab der jungen Mutter ein Schlafmittel in ihren Schlaftrunk, und während sie darüber nachdachte, wie sie das Kindlein beseitigen könnte, sah sie im Garten einen grimmigen Wolf, der sie unverwandt anstarrte und sich die Lippen leckte. Sie verlor keine Zeit, nahm das Kind aus den Armen seiner schlafenden Mutter und warf das Bündel in den Garten, wo der Wolf es mit dem Maul aufschnappte, mit einem Satz über den Gartenzaun sprang und verschwunden war. Dann stach sich die böse Frau in den eigenen Finger und tupfte das herausquellende Blut um den Mund der schlafenden Königin.

Gerade zu dieser Zeit kehrte der junge König von der Jagd heim und ritt in den großen Schloßhof. Kaum hatte er die Halle betreten, bestürmte seine Stiefmutter ihn, drückte ein paar Krokodilstränen heraus, begann zu lamentieren und zu jammern, rang ihre Hände, und drängte ihn durch den Flur zum Schlafgemach der Königin.

Ach, wie war der arme König erschrocken, als er den blutigen Mund seiner Gemahlin sah und seinen Sohn vermißte. Es würde Stunden dauern, all die teuflischen Beschuldigungen der alten Königin zu erzählen, die Verwirrung, die Angst und den Kummer der jungen Eltern zu schildern, auch die schlimmen Gedanken, die sich der König über seine Gattin machte und vom unmenschlichen Kampf der jungen Königin, ihre bittere Pein zu unterdrücken und sie nicht voller Qual hinauszuschreien.

Der arme König verbot jede Beschuldigung und befahl seiner Stiefmutter, daß sie zu sagen hätte, daß das Kind durch eine plötzliche Bewegung aus den Armen seiner Mutter, die am Fenster stand, in den Garten gefallen wäre, und daß das wilde Tier mit ihm davongeeilt sei. Die böse Frau versprach dies so zu sagen, hinter vorgehaltener Hand erzählte sie aber auch allen, was sie im Schlafgemach der Königin gesehen hatte.

Die junge Königin aber war für lange, lange Zeit die unglücklichste Frau in allen Königreichen, bedrückt von der Angst um ihren Sohn und der bösen Meinung, die ihr Gatte nun von ihr haben mußte. Dennoch sagte sie nichts und weinte auch nicht, sondern sammelte Sumpfgras und arbeitete weiter an den Hemden für ihre Brüder.

Oft wurden die zwölf wilden Gänse gesehen, wenn sie auf den Bäumen des Parks oder auf dem weichen Rasen saßen oder sogar in ihr Fenster schauten. So arbeitete sie unermüdlich, und als ein weiteres Jahr vergangen war, hatte sie alle zwölf Hemden fertig, und nur an einem Hemd fehlte noch ein Ärmel, als sie wieder das Bett hüten mußte und alsbald von einem wunderschönen gesunden Töchterchen genaß.

Nun war der König sehr wachsam und ließ Mutter und Tochter nicht einen Augenblick alleine; aber die böse alte Königin bestach einige der Diener, gab anderen ein Schlafmittel, ebenso auch der jungen Mutter, und befahl einer Person, aufzupassen, das Kind zu entwenden und zu töten.

Aber sie war nicht schlecht erstaunt, im Garten wieder den Wolf zu erblicken, der sie anstarrte und sich die Lippen leckte. Hinaus warf sie das kleine Mädchen und mit ihm fort rannte der Wolf, und wieder beschmierte sie das Gesicht der Mutter mit Blut, und dann schrie, tobte und jammerte sie und rief nach dem König und allen, die sie hörten, und alsbald war das Schlafgemach voller Menschen, die davon über-

zeugt waren, daß die junge Königin ihre eigene Tochter gefressen hatte.

Die arme Mutter glaubte nichts anderes, als daß sie ihr Leben aushauchen müßte. Sie war in einem solchen Zustand, daß sie weder denken noch beten konnte, sie saß wie versteinert da, bewegte nur die Hände, um den letzten Ärmel am zwölften Hemd fertig zu stricken.

Der König wollte sie in das Holzhaus im Wald verbannen, wo er ihr zuerst begegnet war, aber die Stiefmutter, die Minister und Ritter wollten davon nichts wissen, und sie verurteilten die junge Königin zum Feuertod; das Urteil sollte noch am gleichen Tag um drei Uhr im großen Schloßhof vollstreckt werden. Als die Stunde näherrückte, ging der König in den entferntesten

Winkel seines Schlosses, und es gab im ganzen Königreich keinen Mann, der in dieser Stunde unglücklicher war.

Als die Scharfrichter kamen, um die Königin zum Schafott zu führen, nahm sie die zwölf Hemden in ihren Armen mit sich. Es waren nur noch wenige Stiche nötig, und sie arbeitete weiter auf ihrem letzten Gang. Doch beim letzten Stich überwältigte sie ihr Schmerz und eine Träne tropfte auf ihre Arbeit, aber gleich darauf richtete sie sich auf und rief mit erhobenem Haupt: „Ich bin unschuldig! Ruft meinen Gatten!"

Die Scharfrichter hielten sich zurück außer einem bösartigen Schergen, der Feuer an den Holzstoß legte, und während alle in Erstaunen erstarrten, war die Luft plötzlich vom Rauschen vieler Flügel erfüllt, und dann standen zwölf wilde Gänse rund um das Schafott. Bevor man auch nur bis zwölf zählen konnte, warf die Königin jeder der Wildgänse ein Hemd zu, und in einem Augenblick standen dort zwölf der edelsten jungen Männer, wie man sie unter Tausenden nur finden kann. Während einige ihre Schwester umarmten, schlug der Älteste den bösartigen Scharfrichter mit einem Holzscheit nieder und löschte das Feuer. Und als sie noch die junge Königin lobten und umarmten und der König zu ihnen eilte, trat zu ihnen eine hochedle Frau, die ein kleines Mädchen in ihrem Arm trug und an ihrer Hand den kleinen Prinzen hielt.

Und dann war überall nur noch Glück und Freude, Lachen und Umarmung, und als man endlich daran dachte, der guten Fee zu danken, die in Gestalt des Wolfes die Kinder gerettet hatte, wurde sie nicht mehr gesehen. Nie gab es je wieder in einem Schloß solche Freude und Glückseligkeit, und wenn die böse Königin auch nicht von Wildpferden zerrissen wurde, so wurden sie und ihre Helfershelfer jedoch sicher eingesperrt. ♦

Das weisse Kalb

Das Märchen vom
unerschrockenen Hirten

♦

In Tipperary liegt ein Berg, so seltsam gestaltet wie sonst keiner auf der Welt. Seine Spitze besteht aus einer kegelförmigen Kuppe, auf der ein kleines Haus zur Erlustigung in den Sommertagen aufgebaut war, das jetzt auch verödet sein mag.

Bevor man aber jenes Haus baute oder einen Acker besäte, war dort ein geräumiger Weideplatz eingehegt, wo ein Hirte Tag und Nacht seine Herde hütete. Grund und Boden gehörte von alters her den Elfen, und die verdroß es, daß der Rasen, auf dem sie sonst behend und lustig umhergesprungen waren, von den schweren Klauen der Ochsen und Kühe zertreten wurde. Das Gebrüll der Herde klang ihren Ohren unerträglich, und die Königin des Volkes entschloß sich endlich selbst, die Ankömmlinge wieder zu vertreiben. Als die Erntenächte kamen, der Mond über dem Berg sein Licht ausgoß, das Vieh still und gesättigt auf dem Boden lag und der Hirte, in seinen Mantel eingewickelt, hin und her sinnend sich der Gesellschaft der Sterne erfreute, die über ihm flimmerten, da zeigte sie sich in verschiedenen, aber immer häßlichen und furchtbaren Gestalten vor ihm tanzend. Einmal erschien die Königin der Elfen als ein mächtiges Roß mit Adlerflügeln und einem Drachenschweif, laut zischend und Feuer ausatmend. Plötzlich verwandelte sie sich in ein kleines Männchen, lahm an einem Bein, mit einem Ochsenkopf und von einer lodernden Flamme umkreist. Dann war sie ein großer Affe mit Entenfüßen und schlug ein Rad dazu wie ein welscher Hahn. Aber ich könnte tagelang erzählen, wenn ich sagen sollte, was für Gestalten sie noch annahm. Sie brüllte oder wieherte oder blökte oder heulte oder krächzte, wie bisher noch niemand auf der Welt hatte brüllen, wiehern, blöken, heulen oder krächzen hören.

Der arme Hirte bedeckte sein Gesicht, aber was half ihm das! Sie hauchte ihn nur einmal an, und das Stück Mantel, das er mit aller Kraft vor die Augen drückte, war weggeblasen; nun stand er da, ohne sich zu rühren; nicht einmal seine Augen konnte er zuschließen; von unbekannter Macht gefesselt, mußte er diese schrecklichen Gesichter anstarren, bis sich sein Haar aufrecht erhob und die Zähne im Munde klapperten. Das Vieh aber riß wütend aus, als wäre es von Bremsen gestochen, und der Spuk dauerte, bis die Sonne über den Hügel schien.

Die armen Tiere magerten aus Mangel an Ruhe ganz ab, auch wollte das Futter bei ihnen nicht

anschlagen; dazu kam ein Unfall auf den andern. Keine Nacht verging, daß nicht einige Stücke in einen Sumpf fielen, lahm wurden und gar umkamen; oder sie gerieten in den Fluß und ertranken. Kurz, die Unfälle nahmen kein Ende, und was die Sache noch schlimmer machte, es war kein Hirte mehr zu finden, der nachts bei dem Vieh bleiben wollte. Eine einzige Erscheinung des Geistes reichte hin, auch dem unverzagtesten die Besinnung zu rauben. Der Eigentümer des Weideplatzes, ein Landmann, wußte nicht, was er anfangen sollte. Er bot doppelten, dreifachen, ja vierfachen Sold, aber kein Geld konnte jemand bewegen, dem Grausen sich auszusetzen, das der Anblick des Geistes erregte. Die Königin der Elfen aber freute sich über den glücklichen Erfolg

ihres Unternehmens und ließ mit ihren Quälereien nicht nach. Da die Herde immer kleiner wurde und kein Mensch mehr wagte, in dem Bereich der Geister zu verweilen, so kam das Elfenvolk in großer Anzahl zurück. Jetzt sprangen sie wieder so lustig wie sonst umher, berauschten sich an den Tautropfen der Eicheln und feierten ihre Feste unter den geräumigen Schirmen der Pilze.

Der arme, verwirrte Landmann wußte um sein Leben keinen Rat. Sein Vermögen nahm von Tag zu Tag ab, seine Leute waren in Furcht gejagt, und der Termin, zu dem er die Pacht bezahlen sollte, rückte heran. Was Wunder, daß er ganz trübselig aussah und sorgenvoll auf der Landstraße dahinwandelte. Nun lebte in der Gegend ein Mann namens Lorenz Hulahan, der blies die

Pfeife besser als irgendeiner in fünfzehn Kirchensprengeln. Ein toller Rauschenblatt war Lorenz, aber sich fürchten, das hatte er noch nicht gelernt. Reichte ihm jemand eine gute Herzstärkung, so nahm er es mit dem Teufel selber auf. Er hätte sich einem wütenden Ochsen entgegengestellt und allein gegen einen ganzen Jahrmarkt geschlagen. Diesem Lorenz begegnete der Pächter einmal auf seinen sorgvollen Gängen, und auf die Frage, was denn die Ursache seines Kummers sei, erzählte er ihm sein Mißgeschick.

„Wenn's weiter nichts ist", rief Lorenz, „so gebt Euerm Herzeleid den Abschied! Wären noch

mehr Elfen auf dem Berg als Kartoffelblüten in Eliogurty, sie sollten mich nicht in Furcht jagen. Ich müßte ja ein rechter Bärenhäuter sein, ich, der ich keinen Menschen mit Fleisch und Bein fürchte, wollte ich vor einem solchen Balg von Gespenst nur daumensbreit zurückweichen."

„Rede nicht so frech, Lorenz", erwiderte der andere, „du weißt nicht, wer's mit anhört; doch wenn du deine Worte wahr machst und meine Herde eine Woche auf dem Rücken des Bergs hütest, so soll deine Hand in meine Schüssel tauchen, so lange, bis die Sonne zu einem dünnen Lichtchen herabgebrannt ist."

Der Handel ward abgeschlossen, und als der Mond hinter dem Felsen hervorkam, stieg Lorenz auf den Berg. Der Pächter hatte ihm erst vorgestellt, was das Haus vermochte, auch mit einem frischen Trunk sein Herz gestärkt. Lorenz nahm oben seinen Sitz auf einem großen Stein unter einer Höhle, den Rücken gegen den Wind, und holte seine Pfeife hervor. Er hatte noch nicht lange darauf geblasen, als sich die Stimme der Elfen hören ließ, tönend wie ein leiser Strom von Musik. Nun aber brachen sie in lautes Gelächter aus, und Lorenz konnte deutlich einen sagen hören: „Was, wieder ein Mensch in dem Elfenkreis! Geh hin, Königin, und laß ihn seine Verwegenheit fühlen!"

Sie flogen fort, und Lorenz fühlte, wie sie gleich einem Mückenschwarm vorbeizogen; als er aufblickte, sah er zwischen sich und dem Mond eine große schwarze Katze, die auf den Spitzen ihrer Pfoten stand, einen krummen Buckel machte und miaute, daß es klang wie das Geräusch einer Wassermühle. Dann schwoll sie auf bis zu den Wolken, und auf ihrem linken Hinterbein sich herumdrehend, wirbelte sie so lange, bis sie auf den Boden fiel, von welchem sie in der Gestalt eines Lachses aufsprang, der eine weiße Binde um den Hals hatte und ein Paar Stulpstiefel an. „Nur zu, mein Schatz", sagte Lorenz, „willst du tanzen, so will ich pfeifen!", und setzte an. So verwandelte sie sich bald in dieses, bald in jenes Ungeheuer, aber Lorenz blies immerzu, ohne sich irrema-

chen zu lassen. Zuletzt verlor sie die Geduld, wie Frauen pflegen, auf deren Schelten man nicht achtet, und verwandelte sich in ein Kälbchen, so weiß wie Milch und mit Augen so sanft wie die meiner Liebsten. Sie kam spielend und schmeichelnd herbei und dachte ihn in der Güte von seinem Geschäft abzubringen und ihm dann einen Streich zu spielen; aber Lorenz war nicht zu überlisten, und als sie herankam, setzte er seine Pfeifen ab und sprang auf ihren Rücken.

Wenn du von dem Gipfel des Elfenberges westwärts nach dem Weltmeer schaust, so erblickst du den königlichen Fluß Shannon, wie er, gleich einer See sich ausbreitend, in stolzem Lauf durch die Stadt Limerick fließt, um sich endlich mit dem Ozean zu vermischen.

Der Mond schien hell und glänzend über das ferne Gebirge. Fünfzig Boote schwammen hin und her auf dem lieblichen Strom, und der Gesang der Fischer stieg fröhlich von den Ufern in die Höhe.

Lorenz saß, wie ich schon erzählt habe, auf dem Rücken des weißen Kalbs, und die Elfin wollte ihren Vorteil nutzen. Von der Spitze des Bergs sprang sie in einem Satz über den Fluß Shannon hinweg, durchflog in einer Sekunde drei volle Stunden, und sich auf einem entlegenen Damm niederlassend, schlug sie aus und warf den Lorenz auf den weichen Rasen. Aber wie er da lag, sah er ihr gerade in das Gesicht, strich sich über die Haare und rief: „Wahrhaftig gut gemacht! Das war kein schlechter Sprung für ein Kalb!"

Sie betrachtete ihn einen Augenblick, dann nahm sie ihre wahre Gestalt wieder an und sprach: „Lorenz, du bist ein tüchtiger Bursche, willst du den Weg auch wieder zurück machen?" „Freilich", antwortete er, „wenn Ihr es zufrieden seid." Sie verwandelte sich wieder, Lorenz setzte sich auf den Rücken des weißen Kalbs, und mit einem zweiten Sprunge waren sie auf der Bergspitze zurück.

Da sprach die Elfin in ihrer natürlichen Gestalt: „Du hast dich so unerschrocken gezeigt, Lorenz, daß, solange du die Herden hier auf diesem Berg hütest, du weder von mir noch einem der Meinigen sollst gestört werden. Der Tag dämmert schon, geh hinaus zu deinem Herrn und sage ihm das; und wenn du noch sonst einen Wunsch hast, will ich ihn erfüllen." Darauf verschwand sie wieder.

Die Elfin hielt Wort. Solange Lorenz lebte, zeigte sie sich nicht auf dem Berg. Aber er ward ihr auch nicht durch Bitten lästig. Er blies seine Pfeifen, trank auf seines Herrn Kosten, ruhte sich hinter dem Ofen aus und sah dann und wann nach der Herde. Er starb endlich und ward in einem grünen Tal der schönen Landschaft Tipperary begraben. Ob das stille Volk nach seinem Tode wieder auf den Berg gezogen ist, kann ich nicht sagen. ♦

Die Flasche

Das Märchen vom Kuhhandel

♦

In den guten Tagen, wo das stille Volk sich noch häufiger sehen ließ als jetzt in dieser ungläubigen Zeit, lebte ein Mann, Michael Purcell, der einige Acker schlechtes Land gepachtet hatte, in der Nachbarschaft der ehemals so berühmten Pfründe von Mourne, anderthalb Stunden von Mallow und sieben von Cork. Michael hatte Frau und Kinder; sie taten, was in ihren Kräften stand; das war freilich nicht viel, denn es war noch kein Kind so weit herangewachsen, daß es dem armen Manne bei seiner Arbeit helfen konnte, und die gute Frau besorgte die Kinder, melkte die Kuh, kochte Kartoffeln und trug die Eier nach Mallow; doch wie sie auch schafften, es war kaum genug, um die Pacht zu zahlen.

Sie schickten sich eine Zeitlang, so gut es gehen wollte, in die Umstände; doch zuletzt kam ein schlechtes Jahr, das bißchen Hafer verdarb, die Hühnchen verkümmerten, das Schwein magerte ab und wurde beinahe für nichts zu Mallow verkauft; und der arme Michael fand, daß er nicht genug hatte, um die Hälfte des Pachtgeldes zu zahlen, und zwei Termine war er schon schuldig.

„Was sollen wir nur anfangen, Marie?" fragte er seine Frau.

„Was wir anfangen sollen?" antwortete sie, „treib unsere Kuh auf den Markt nach Cork und verkaufe sie dort. Montag ist Markttag, da mußt du frühe gehen, damit das arme Tier sich verschnauft, ehe es auf den Markt kommt."

„Und was sollen wir anfangen, wenn sie fort ist?" sagte Mick bekümmert.

„Das weiß ich nicht, Michael, doch gewißlich wird uns Gott nicht verlassen, und du weißt doch, wie gütig er gegen uns war, als der kleine Wilhelm so krank darnieder lag und wir gar nichts für ihn hatten. Der Doktor von Ballydahin, der sanfte, feine Mann, kam geritten und verlangte einen Trank Milch; er gab uns zwei Schillinge, schickte die Arzneien für das Kind und was es sonst nötig hatte und gab mir jedesmal etwas zu essen, wenn ich kam, ihn um Rat zu fragen, den er mir niemals versagte; er kam auch und sah nach dem Kind und hörte mit seinen Wohltaten nicht auf, bis es ganz gesund war."

„Du denkst immer so, Marie, und ich glaube, du hast recht, darum will ich mir auch über den Verkauf der Kuh keine Sorgen machen. Ich will morgen gehen, du mußt aber Nadel und Zwirn nehmen und meinen Rock flicken, er ist unter dem Arm aufgerissen."

Marie versicherte, daß sie alles in Ordnung

bringen wollte; den folgenden Tag schickte er sich an, und sie schärfte ihm beim Abschied ein, die Kuh nicht anders zu verkaufen als um den höchsten Preis. Michael versprach, es nicht zu vergessen, und machte sich auf den Weg. Er trieb die Kuh langsam durch den kleinen Fluß, der den Weg durchschneidet und unter den alten Mauern von Mourne hinrinnt. Als er vorbeikam, fielen seine Augen auf die Türme und einen von den alten Holunderstämmen, die damals wie kleine Gerten aussahen.

„Ja", rief er aus, „hätte ich nur die Hälfte des Geldes, das unter euch begraben liegt, so brauchte ich die arme Kuh nicht dahin zu treiben! Ist's nicht ein Jammer, daß es unter der Erde ruht, während noch andere als ich es entbehren müssen! Nun, wenn's Gottes Wille ist, so komme ich mit etwas Geld in der Tasche zurück."

Mit diesen Worten trieb er sein Vieh weiter. Es war ein schöner Tag, und die Sonne schien glänzend auf die Mauern der alten Abtei, als er daran vorbeikam. Der Weg führte über eine Reihe allmählich aufsteigender Berge, bis er nach drei Stunden auf die Spitze der Anhöhe (die jetzt der Flaschenberg heißt, aber damals den Namen noch nicht führte) gelangte, an welcher Stelle ihn jemand einholte.

„Guten Morgen!" sagte dieser. „Guten Morgen!" antwortete Michael freundlich und sah sich nach dem Fremden um; es war ein kleines Männchen, daß man ihn einen Zwerg hätte nennen können, doch war er nicht ganz so klein. Er hatte ein altes, verschrumpftes, gelbliches Antlitz, das genau wie welker Blumenkohl aussah, dabei eine dünne, kleine Nase, rote Augen und weiße Haare. Seine Lippen waren nicht rot, sondern sein ganzes Gesicht von einer Farbe, seine Augen ohne Ruhe, überall sich umschauend, und obgleich sie rot waren, so ward doch Michaels Herz eiskalt, wenn er sie ansah. Er hatte in der Tat wenig Gefallen an der Gesellschaft des Kleinen, und er konnte nicht das mindeste von seinen Beinen oder seinem Körper erblicken; das Männchen hatte sich, obgleich der Tag warm war, ganz in einen dicken, weiten Rock eingewickelt.

Michael trieb die Kuh ein wenig schneller, aber der Kleine hielt sich immer neben ihm. Er wußte nicht, auf welche Art er schritt, denn er fürchtete sich zu sehr, um sich nach ihm umzuschauen, und wollte auch nicht das Kreuz über sich schlagen, denn er war bange, der alte Mann möchte zornig werden. Doch deuchte ihn, sein Reisegefährte ginge nicht wie ein anderer Mensch und setze einen Fuß vor den andern, sondern glitte nur über den rauhen Weg (und rauh war er genug) wie ein Schatten dahin, ohne Geräusch und ohne Anstrengung. Dem armen Michael zitterte das Herz im Leibe, er sagte ein Gebet für sich und wünschte, er wäre den Tag nicht ausgegangen oder er wäre schon auf dem Markt oder er bräuchte die Kuh nicht zu hüten, damit er vor dem Gespenst fortlaufen könnte. Mitten in diesen Ängsten ward er von seinem Gefährten angeredet: „Wohin wollt Ihr mit der Kuh, lieber Mann?"

„Nach dem Markt zu Cork", antwortete Michael zitternd bei dem schnarrenden und schneidenden Ton der Stimme.

„Wollt Ihr sie verkaufen?" sagte der Fremde.

„Freilich will ich sie verkaufen."

„Wollt Ihr sie mir verkaufen?"

Michael fuhr erschrocken zurück; er fürchtete sich, mit dem Kleinen etwas zu tun zu haben, und fürchtete sich noch mehr, nein zu sagen. Endlich sprach er: „Was wollt Ihr mir dafür geben?"

„Ich will Euch etwas sagen", antwortete der Kleine, „ich gebe Euch diese Flasche dafür", indem er eine Flasche unter dem Mantel hervorholte.

Michael schaute erst ihn und die Flasche an, dann mußte er, mitten in seiner Angst, in ein lautes Gelächter ausbrechen.

„Lacht nach Herzenslust", sprach der Kleine, „aber ich sage Euch, diese Flasche ist mehr wert für Euch als alles Geld, das Ihr für die Kuh in Cork bekommt, ja tausendmal mehr."

Michael lachte wieder. „Ihr denkt wohl", sagte er, „ich wäre ein solcher Narr, daß ich meine gute Kuh für so eine Flasche hingäbe, die obendrein noch leer ist? Wahrhaftig, daraus wird nichts."

„Ihr tut besser, wenn Ihr mir die Kuh gebt und die Flasche nehmt; Ihr braucht es Euch nicht leid sein zu lassen." „Aber Marie, was würde die sagen? Das würde kein Ende nehmen! Und wie sollte ich meine Pacht zahlen? Und was sollen wir anfangen ohne einen Heller Geld?"

„Ich versichere Euch, die Flasche ist besser als alles Geld, nehmt sie und gebt mir die Kuh. Jetzt sage ich es Euch zum letztenmal, Michael Purcell."

Michael war bestürzt. 'Wie hat er meinen Namen erfahren!' dachte er.

Der Fremde fuhr fort: „Michael Purcell, ich kenne Euch und habe Achtung vor Euch, darum folgt meinem Rat, oder es wird Euch noch reuen. Wißt, Eure Kuh wird Euch hinfallen, ehe Ihr nach Cork kommt." Michael wollte eben sagen: „Das verhüte Gott!", aber der Kleine setzte hinzu (und Michael war zu aufmerksam, um etwas zu sagen, das ihn schweigen gemacht hätte, und viel zu höflich, um jemand in der Rede zu unterbrechen): „Dann sollt Ihr wissen, es wird so viel Vieh auf dem Markt sein, daß Ihr die Kuh zu einem geringen Preis losschlagen müßt, und vielleicht fallt Ihr, wenn Ihr nach Haus geht, noch Räubern in die Hände. Doch wozu sage ich Euch das alles, da Ihr doch entschlossen seid, Euer Glück von Euch zu stoßen!"

„O nein, Herr, mein Glück möchte ich nicht von mir stoßen", sagte Michael, „und wäre ich gewiß, daß die Flasche so gut ist, als Ihr sagt, obgleich ich niemals großen Gefallen an einer leeren Flasche gehabt, wenn ich sie auch selbst ausgetrunken hatte, so wollte ich Euch die Kuh geben im Namen-"

„Bekümmert Euch nicht um Namen", unterbrach ihn der Kleine, „sondern gebt mir die Kuh; ich habe Euch keine Unwahrheit gesagt, und wenn Ihr damit heimkommt, so tut genau, was ich Euch heißen werde."

Michael zögerte.

„Wohlan", sagte der Fremde, „guten Tag, Michael Purcell, ich kann nicht länger warten. Noch einmal, nehmt sie hin und seid reich; schlagt sie aus und bettelt für Euern Lebensunterhalt, seht Eure Kinder in Armut, Euer Weib sterbend vor Mangel: das wird Euer Schicksal sein, Michael Purcell." Bei diesen Worten lächelte der Kleine boshaft, was seinen Anblick noch grauenhafter machte.

„Mag sein! Ist wohl wahr!" sagte Michael immer noch zaudernd und unschlüssig, was er tun sollte. Er konnte nicht anders, er mußte dem alten Manne glauben, und endlich in einem Anfall von Verzweiflung griff er nach der Flasche und sagte:

„Nehmt die Kuh, und wenn Ihr mich belogen habt, so wird Euch der Fluch des Armen treffen."

„Ich achte weder auf Euren Fluch noch auf Euren Segen, Michael Purcell, aber ich habe die Wahrheit gesprochen, das werdet Ihr noch heute abend erfahren, wenn Ihr tut, was ich Euch sage."

„Was soll ich tun?" fragte Michael.

„Wenn Ihr heimkommt, so kümmert Euch nicht darum, daß Euer Weib ärgerlich ist, sondern bleibt selbst gelassen und heißt sie den Boden sauber kehren, setzt den Tisch zurecht und deckt ein reines Tuch darüber; dann stellt die Flasche auf den Boden und sprecht die Worte: ‚Flasche, tue deine Schuldigkeit!', und Ihr werdet den Erfolg sehen."

„Und das ist alles?" fragte Mick.

„Nichts weiter", sagte der Kleine. „Guten Tag, Michael Purcell, Ihr seid ein reicher Mann."

„Das gebe Gott!" sagte Michael, als der alte Mann die Kuh forttrieb und er wieder auf dem Heimweg war; doch konnte er nicht umhin, den Kopf umzudrehen und dem Käufer seiner Kuh nachzusehen, bis er ganz verschwunden war.

„Gott behüte und bewahre uns!" rief Michael, „der gehört nicht dieser Welt an. Aber wo ist meine Kuh?" Sie war fort, und Michael ging heimwärts, Gebete für sich hersagend und seine Flasche festhaltend.

‚Was wollt ich anfangen', dachte er, ‚wenn sie

mir zerbräche; doch dafür will ich tun', und steckte sie vor seine Brust, besorgt über den Erfolg und zweifelhaft über den Empfang, den er bei seiner Frau zu erwarten hatte. Während er Sorge und Erwartung, Furcht und Hoffnung gegeneinander abwog, erreichte er abends seine Hütte und überraschte seine Frau, die bei dem Torffeuer am Herde saß.

„Ei, Michael, du bist wieder da! Gewiß bist du nicht nach Cork gekommen! Sprich, was ist dir begegnet? Wo ist die Kuh? Hast du sie verkauft? Wieviel hast du dafür gelöst? Was gibt's Neues? Erzähl mir davon."

„Willst du mir Zeit lassen, Marie, so will ich dir alles haarklein erzählen. Wo unsere Kuh ist, möchtest du gern wissen; aber das kann ich dir nicht sagen, denn ich weiß am allerwenigsten, wo sie ist."

„Was hast du dafür gelöst, Michael? Heraus mit dem Geld!"

„Kleine Geduld, Marie, und du sollst alles hören."

„Aber was ist das für eine Flasche unter deiner Weste?" fragte Marie, die den hervorragenden Hals bemerkte.

„Nun sei vergnügt", sagte Michael, „doch ich muß dir erst erzählen!", und stellte die Flasche auf den Tisch. „Das ist alles, was ich für die Kuh bekommen habe."

Die arme Frau war wie vom Donner gerührt. „Alles, was du bekommen hast! Und wozu taugt das, Michael? So hätte ich doch mein Lebtag nicht gedacht, daß du ein solcher Narr wärest. Wie willst du nun die Pacht bezahlen?"

„Willst du Vernunft annehmen, Marie?" sagte Michael, „so will ich dir erzählen, wie der alte Mann, oder wer es sonst war, mir begegnete; nein, er begegnete mir nicht, sondern er war da bei mir, oben auf dem Berg, und wie er mich dazu bewog, ihm die Kuh zu verkaufen, und mir sagte, die Flasche wäre etwas für mich."

„Wahrhaftig bloß für dich, du Narr!" sagte Marie und griff nach der Flasche, um sie ihrem armen Mann an den Kopf zu werfen. Aber Michael

faßte sie geschwind, machte sie ganz gelassen (denn er erinnerte sich an den Befehl des Kleinen) von den Händen seines Weibes los und steckte sie wieder vor seine Brust.

Die arme Marie saß da und weinte, während ihr Michael seine Geschichte erzählte und sich dabei oft bekreuzigte und segnete. Indessen konnte sie nicht umhin, ihm Glauben beizumessen, zumal sie an Geister glaubte. Ohne ein Wort zu sprechen, stand sie auf und fing an, den Boden mit einem Büschel Heidekraut zu kehren. Hierauf ordnete sie alles, setzte den langen Tisch zurecht und deckte ein reines Tuch, das einzige, das sie hatten, darüber her, und Michael stellte die Flasche auf die Erde und sprach: „Flasche, tue deine Schuldigkeit!“

„Dort! Dort! Mutter, sieh doch!" rief der älteste Knabe, ein pausbackiges Kind von fünf Jahren, und sprang an seiner Mutter Seite, als zwei winzige kleine Gestalten, wie Lichtstrahlen, aus der Flasche hervorstiegen und in einem Augenblick den Tisch mit silbernen und goldenen Schüsseln und Tellern besetzten, auf welchen die köstlichsten Speisen lagen, und, sowie alles in Ordnung war, wieder in die Flasche hinabstiegen.

Michael und seine Frau betrachteten alles mit höchstem Erstaunen, denn sie hatten solche Schüsseln und Teller ihr Lebtag nicht gesehen und glaubten, dergleichen könnte man nicht genug bewundern, so daß sie von dem bloßen Anschauen allen Hunger vergaßen. Endlich sagte Marie: „Komm, Michael, und setz dich nieder, versuch's und iß ein wenig, du mußt ja hungrig sein nach einem so guten Tagwerk."

„Siehst du, der Mann hat keine Unwahrheit von der Flasche gesagt."

Michael setzte sich und gab auch den Kindern ihren Platz an dem Tisch; sie hielten eine herrliche Mahlzeit, und doch blieb die Hälfte der Schüsseln unangerührt.

„Mich soll doch wundern", sagte Marie, „ob die guten kleinen Herrn diese kostbaren Sachen wieder wegnehmen werden !" Sie warteten, aber niemand kam. Da hob Marie sorgfältig Schüssel und Teller auf und sprach: „Gewißlich, es war keine Unwahrheit, du bist jetzt ein reicher Mann, Michael Purcell."

Sie gingen alle zu Bett, doch nicht um zu schlafen, sondern um zu verabreden, wie sie diese köstlichen Dinge, deren sie nicht bedurften, zu Geld machen wollten, um mehr Ländereien zu übernehmen. Michael ging nach Cork, verkaufte seine Goldschüsseln, erhandelte sich Wagen und Pferd und überlegte, wie er viel Geld erwerben könnte. Sie gaben sich alle Mühe, die Flasche geheimzuhalten, doch vergeblich, der Gutsherr brachte es heraus.

Eines Tages kam er zu Michael und fragte ihn, wie er zu all dem Geld gekommen wäre, das er doch in keinem Falle durch die Pacht gewonnen hätte; er quälte ihn so lange, bis Michael ihm endlich von der Flasche sagte. Der Gutsherr bot viel Geld, doch dafür wollte sie Michael nicht geben, bis er ihm zuletzt alles, was er jetzt in Pacht hatte, als Eigentum anbot. Da dachte Michael, der reich genug war, nun bedürfe er des Geldes weiter nicht mehr, und gab die Flasche hin.

Michael hatte sich verrechnet; er und die Seinigen verschleuderten das Geld, als wenn es kein Ende nehmen könnte, und um die Geschichte kurz zu machen, sie wurden immer ärmer und ärmer, bis sie am Ende nichts mehr übrig hatten als eine Kuh, welche Michael abermals wieder vor sich hertrieb, um sie auf dem Markt zu Cork zu verkaufen, nicht ohne Hoffnung, dem kleinen Mann von neuem zu begegnen und eine andere Flasche zu erhalten.

Der Tag brach eben an, als er sich von seinem Haus aufmachte, und er ging einen guten Schritt, bis er zu der Höhe kam. Die Nebel schliefen noch in den Tälern und kräuselten sich in duftigen Kränzen auf der braunen Heide rings um ihn her. Die Sonne erhob sich zu seiner Linken, und vor seinen Füßen sprang eine Lerche aus ihrem Lager im Gras und stieg, ihren fröhlichen Morgengesang anstimmend, in den blauen Himmel hinauf.

Michael bekreuzigte sich, horchte auf den

süßen Gesang der Lerche und mußte beständig an das alte, kleine Männchen denken. Da wurde er, gerade als er den Gipfel des Bergs erreichte und seine Augen auf die weite Aussicht vor und hinter sich warf, von der wohlbekannten Stimme sowohl erschreckt als erfreut, die ihm zurief: „Nicht wahr, Michael Purcell, ich sagte dir, du würdest ein reicher Mann werden?"

„Gewiß, es war keine Lüge, Herr! Ich wünsche Euch einen guten Morgen, aber daß ich zur Zeit ein reicher Mann bin, kann ich nicht sagen. Habt Ihr eine andere Flasche? Ich bedarf ihrer so gut wie vordem. Habt Ihr sie, Herr, hier ist die Kuh dafür."

„Und hier ist die Flasche", sagte der Kleine und lächelte, „du weißt, was du damit zu tun hast."

„Ach ja", antwortete er, „ich will es schon recht machen."

„Guten Tag, Herr", rief Michael, als er sich auf den Heimweg begab, „gutes Glück Euch und gutes Glück dem hohen Berg, dem Flaschenberg, damit er einen Namen bekommt; guten Tag, Herr, guten Tag!" Damit eilte er, so schnell er konnte, zurück, ohne sich nur einmal nach dem Kleinen mit dem weißen Gesicht und der Kuh umzuschauen, nur besorgt, seine Flasche heimzubringen. Wohlbehalten langte er damit an, und sobald er Marie erblickte, rief er aus: „Ja, ich habe eine andere Flasche!"

„Tausend!" rief die Frau, „hast du sie? Du bist ein Glückskind, Michael Purcell, ja das bist du!"

Sie brachte alles sogleich in Ordnung, und

Michael, seine Flasche betrachtend, schrie in seiner Freude: „Flasche, tue deine Schuldigkeit!" In einem Augenblick sprangen zwei große, gewaltige Männer aus der Flasche mit dicken Knüppeln in den Händen, die den armen Michael, seine Frau und seine ganze Familie unbarmherzig bleuten, bis alles auf dem Boden lag, worauf sie in die Flasche zurückeilten. Michael, sobald er wieder zu Besinnung kam, stand auf und sah sich um. Er sann und sann. Endlich hob er Frau und Kinder in die Höhe und sprach: „Macht, daß ihr euch wieder erholt, so gut es geht", nahm die Flasche unter den Mantel und begab sich zu seinem Gutsherrn.

Dort war große Gesellschaft, und Michael bat einen Bedienten, dem Herrn zu sagen, daß er ein paar Worte mit ihm zu sprechen wünsche. Endlich kam der Herr heraus und fragte: „Was bringt Ihr mir Neues, Michael?"

„Nichts, Herr, als daß ich eine andere Flasche habe."

„Ei, ei! Ist sie auch so gut wie die erste?"

„Jawohl, Herr, noch besser. Wenn's Euch beliebt, so will ich sie Euch vor allen Herren und Damen zeigen."

„Tretet nur herein", sprach der Gutsherr, und Michael ward in den Saal geführt, wo er seine alte Flasche erblickte, die oben auf dem Gesimse stand. „Sieh da!" sagte er zu sich selbst, „vielleicht habe ich dich in kurzem wieder!"

„Wohlan", sagte der Gutsherr, „zeigt her Eure Flasche!"

Michael setzte sie auf den Boden und sprach die Zauberworte. In einem Augenblick lag der Gutsherr darnieder, Damen und Herren, Bediente, und wer sonst zugegen war, rannten, schrien, wälzten sich, stießen mit den Füßen und heulten. Becher und Teller rollten nach allen Seiten hin, bis der Gutsherr endlich ausrief: „Bring diese zwei Teufel zur Ruhe, Michael Purcell, oder ich lasse dich aufhängen!"

„Nicht eher sollen sie aufhören", sagte Michael, „als bis Ihr mir meine Flasche wiedergebt, die ich dort oben auf dem Gesims sehe."

„Holt sie ihm herab", sagte der Herr, „ehe wir alle ermordet sind."

Michael steckte die alte Flasche vor seine Brust, die Männer sprangen wieder in die neue hinein, und er trug sie beide heim. Was soll ich noch weiter erzählen, daß Michael reicher ward als zuvor, daß sein Sohn die Tochter des Gutsherrn heiratete, daß er und sein Weib in hohem Alter starben und bei ihrer Leichenfeier einige Diener in Streit gerieten und die Flaschen zerbrachen! Doch der Berg hat noch immer den Namen und wird wohl Flaschenberg heißen bis ans Ende der Welt. ♦

Die verwandelten Elfen

Das Märchen vom
Pilzenhans

♦

Johann Mulligan war ein so ehrlicher alter Bursche, als je einer in Carlow seinem Pferde Sporn in die Seiten gesetzt hat. Außerdem war er der lustigste Geselle bei einem Punschnapf, den man weit und breit im Lande finden konnte. Er pflegte aber ein gutes Pferd zu reiten, und ein besserer Punsch als der seinige wurde bei neunzehn Edelleuten nicht getrunken.

Mulligan glaubte steif und fest an Geister und ward böse, wenn jemand daran zweifelte. Er wußte mehr Geschichten davon, als in zwei Quartanten könnten gedruckt werden, und er versäumte nicht, sie zu erzählen, sobald er einen Zuhörer finden konnte. Einige glaubten ihm diese Geschichten, die meisten glaubten sie nicht; doch niemand pflegte zuletzt mehr dem alten Manne zu widersprechen, weil es unbarmherzig gewesen wäre, ihn damit zu quälen. Doch in seiner Nachbarschaft befanden sich ein paar junge Leute, welche eben zum ersten Male während der Ferienzeit von der hohen Schule gekommen waren und die Sommermonate bei ihrem Oheim, Herrn Whaley, zubrachten, einem alten Anhänger von Cromwell, der zu Ballybegmullinahone wohnte. Sie waren von ihrer Schulweisheit zu sehr angefüllt, als daß es ihnen möglich gewesen wäre, den alten Mann unangefochten seiner Wege gehen zu lassen.

Sie belachten jede Geschichte, die er vorbrachte, und riefen: „Das ist unmöglich! Das ist alter Weiber Geschwätz!" oder dergleichen. Wenn er behauptete, seine Geschichten wären aus der reinsten Quelle geflossen, ja einige ihm von seiner eigenen Großmutter, einer achtungswürdigen alten Dame, wenn auch leichtbeweglichen Geistes, als Dinge erzählt worden, die sie selbst erlebt hätte, so schnitten sie das Gespräch damit ab, daß sie behaupteten, die Großmutter wäre schon damals kindisch gewesen und hätte ohnehin in ihrer besten Zeit große Neigung gehabt, bei ihren Erzählungen ein langes Seil zu drehen.

„Aber", sagten sie, „Mulligan, habt Ihr denn selbst jemals einen Elfen gesehen?"

„Niemals", antwortete er.

„Wohlan", riefen sie, „bis dahin narrt uns nicht mit solchen Erzählungen von Eurer Großmutter."

An diesem Fleck war Mulligan besonders empfindlich, und er wollte für seine Großmutter in die Schranken treten, aber die jungen Leute waren ihm zu scharf, und zuletzt geriet er in Hitze, wie gewöhnlich der, welcher bei einem Streit im Nachteil ist. Diesen Abend (da er bei ihrem

Oheim, der sein alter Freund war, zu Mittag gegessen) hatte er ziemlich reichlich getrunken und war ganz aufgeregt. Endlich ward er ganz leidenschaftlich, ließ die Pferde vorführen, und ungeachtet aller Bitten des Hausherrn jagte er fort, obgleich er willens gewesen war, da zu schlafen.

„Ich mag nichts mehr mit diesen beiden Maulaffen und Gelbschnäbeln zu tun haben", rief er, „die, weil sie gelernt haben, unnützes, in Trutenfüßen gedrucktes Zeug zu lesen, und die von einigen rotnasigen, geschwätzigen alten Perückenstöcken unterrichtet worden sind (nicht, daß ich sagen wollte, es könnte einer, der eine rote Nase hat, kein ehrlicher Mann sein), sich einbilden, sie wüßten mehr als ein rechtschaffener Kerl, der sich's sauer auf der Welt hat werden und ein paar

Schock Jahre lang sich den Wind ins Gesicht hat wehen lassen."

In ärgerlicher Hast ritt er fort und jagte so gewaltig, als sein Roß über die Kalksteine dahinsprengen konnte. „Verdammt!" stammelte er, „Gott verzeihe mir meine Sünde! Die Schurken hatten in einem Stücke recht, daß ich niemals Elfen gesehen! So wollte ich doch fünf Acker Land, so gut als eins, auf dem je Kartoffeln wuchsen, darum geben, könnte ich nur einen Schimmer – aber, gerechter Himmel, was ist das?"

Er blickte auf; vor seinen Augen zeigte sich das artigste Schauspiel von der Welt. Der Weg führte

an einer anmutigen Ebene vorüber; hier und da standen Bäume, nicht dicht wie in einem Wald, sondern fünf oder sechs beisammen oder auch einer ganz allein, und erhoben sich über dem grünen Grund, wie ein Vorgebirg aus der See aufsteigt.

Er war gerade der Krone des Gehölzes gegenüber gekommen, einer Eiche, welche in den ältesten Urkunden der Grafschaft (und die waren wenigstens fünfhundert Jahr alt) die alte Eiche von Ballinhassig genannt wurde. Die Zeit hatte den Stamm ausgehöhlt, während noch immer mächtige Äste mit ihrem dunklen, gezackten Laubwerk hin und her sich bewegten. Der Mond schien eben in vollem Glanz, und bei diesem Licht bemerkte Mulligan eine allerliebste Gesellschaft kleiner, artiger Gestalten, die unter der Eiche in immerwährender, behender Bewegung tanzten. Es waren viele beisammen; einige breiteten sich fern noch über den fernsten Schatten der Eichenäste aus; andere zeigten sich glänzend in den fliegenden Lichtern, die zwischen den Blättern durchdrangen; andere konnte man ungehindert sehen, wie sie sich am Stamme unten niedergelassen hatten; andere endlich waren ohne Zweifel vor seinen Augen noch verborgen.

Niemals hat man etwas Lieblicheres gesehen. Sie waren kaum drei Daumen hoch, aber weiß wie der gefallene Schnee und von unzähliger Menge. Mulligan hing dem Pferd den Zügel über den Hals und ritt bis zu der niedrigen Mauer, welche die Anlage umgab, und darauf gelehnt, beobachtete er mit unaussprechlichem Vergnügen ihre Tänze und Sprünge. Bei diesem längeren Anschauen bemerkte er bald manches, was ihm anfangs nicht in die Augen gefallen war. Besonders zeigte sich in der Mitte der König in größerer Gestalt, um welchen sich die Gruppe zu bewegen schien. Er starrte so lange, bis er endlich vor Freude sich nicht mehr zurückhalten konnte und laut rief: „Recht so, kleiner Geselle! Wohl gesprungen und tüchtig!"

Aber in demselben Augenblick, wo er diese Worte ausgesprochen hatte, verfinsterte sich die

Nacht, und die Elfen verschwanden mit Blitzesschnelle.

„Ich wünschte", sagte Mulligan, „ich hätte meine Zunge im Zaum gehalten; doch es macht nichts aus. Jetzt will ich sogleich umkehren und nach der Burg Ballybegmullinahone zurückgehn und die eingebildeten, überklugen Herrn auf diesen Platz heraustreiben."

Mulligan eilte mit Windesschnelligkeit zurück. Er rasselte heftig an der Türe und rief laut nach den beiden Jünglingen.

„Heda", sagte er, „ihr jungen Plattköpfe, kommt herunter, wenn ihr getraut. Ihr sollt euch mit eigenen Augen überzeugen, daß ich wahr gesprochen habe."

Der alte Whaley steckte seinen Kopf aus dem

Fenster und sprach: „Johann Mulligan, was bringt Euch so spät wieder zurück?"

„Die Elfen!" schrie er, „die Elfen!"

„Ich fürchte", murmelte der Herr von Ballybegmullinahone, „Ihr habt in das letzte Glas, das Ihr trankt, zuwenig Wasser gegossen; doch es hat nichts zu sagen, kommt herein und kühlt Euch bei einem Becher Punsch ab."

Er kam herein und setzte sich wieder an den Tisch. In großer Begeisterung erzählte er seine Geschichte. Tausend und abermal tausend Elfen hatte er gesehen, tanzend unter der alten Eiche von Ballinhassig.

Er beschrieb ihre prächtigen Kleider von glänzendem Silber, ihre runden flachen Hüte in dem Mondschein schimmernd und die fürstliche Gestalt und Haltung des Oberhaupts. Er fügte hinzu, daß er ihren Gesang gehört habe und die entzückende Musik, die sie gemacht hätten. Doch das war bloße Einbildung.

Die jungen Leute lachten; Mulligan ließ sich nicht irren. „Wenn wir nun", sagte einer von ihnen, „mit Euch gemeinschaftlich zu dem Platz hinausritten, wo Ihr die prächtige Gesellschaft von Elfen gesehen habt?"

„Gut", rief Mulligan, „nur kann ich euch nicht versprechen, daß ihr sie dort finden werdet, denn ich sah sie in die Höhe rauschen wie einen Schwarm Bienen und hörte ihre Flügel in der Luft sausen." Das war aber eine Prahlerei, denn Mulligan hatte nichts dergleichen gehört.

Sie ritten alle drei fort und kamen zu dem Gehölz. Sie langten bei der Mauer an, dem großen Baum gegenüber, und der Mond war aus den Wolken wieder aufgetaucht und schien so hell, wie als Mulligan zuerst vorbeikam. „Schaut dort", rief er frohlockend, denn dasselbe Schauspiel begann wieder vor seinen Augen, und deutete mit seiner Reitgerte hin, „schaut und leugnet, wenn ihr imstande seid."

„Wahrhaftig", sagte einer von den Jünglingen mit einigem Nachsinnen, „dort sehen wir eine Gesellschaft weißer Gestalten; aber wären das Geister noch zehnmal mehr, ich gehe doch unter sie." Damit stieg er ab, um über die Mauer zu klettern.

„Ach, Thomas, Thomas!" rief Mulligan, „Halt! Halt! Was wollt Ihr tun? Die Geister, das stille Volk, mein ich, haben es nicht gern, wenn sich jemand unter sie mischt. Ihr werdet gezwickt oder geblendet oder Euer Pferd verliert die Eisen oder – nun seht! Einen Eigensinnigen muß man gewähren lassen. Ach! Oh! Oh! Jetzt ist er bald bei der Eiche. Gott stehe ihm bei, denn kein Mensch kann ihm mehr helfen!"

In diesem Augenblick war Thomas bei der Eiche angelangt und wollte bersten vor Lachen.

„Mulligan“, rief er, „behaltet Eure Gebete für Euch und fürchtet Euch nicht länger; Eure Geister sind nicht so bösartig. Ich glaube, sie geben eine leidlich gute Brühe.“

„Brühe?“ sagte Mulligan, welcher, als er fand, daß die beiden Jünglinge (denn der zweite war seinem Bruder gefolgt) mitten unter den Geistern lachend standen, abgestiegen und langsam vorgegangen war, „was meint Ihr mit Brühe?“

„Nichts“, antwortete Thomas, „als daß es Schwämme sind“ (denn das waren sie wirklich), „und Euer Oberon ist nur ein übergroß gewachsener Pilz.“

Der arme Mulligan gab sein Erstaunen in einem langen Ausruf zu erkennen, schwankte, ohne noch ein Wort zu sprechen, zu seinem Pferd und ritt in starkem Galopp nach Haus, ohne einmal hinter sich zu schauen. Es dauerte lang, ehe er es wagte, den beiden Lachern in Ballybegmullinahone vor die Augen zu treten, und bis zu seinem Tod nannte ihn das Volk den „Pilzenhans“ in diesem und fünf anderen Kirchsprengeln. ♦

HERR UND DIENER

Das Märchen vom
glückbringenden Niesen

♦

Wilhelm Mac Daniel war ein so artiger junger Bursch, als je einer in einer Tanzgesellschaft seine Sprünge machte, eine Kanne leerte oder den Stock, den er unter dem Rock trug, handhabte. Er fürchtete nichts als den Mangel eines Trunkes, sorgte für nichts, als wer ihn bezahlen sollte, und dachte an nichts, als wie er dem Wirt deshalb einen blauen Dunst vor die Augen machen wollte. Trunken oder nüchtern, ein Wort und ein Schlag war immer seine Weise, und das ist eine treffliche Weise, entweder einen Streit anzufangen oder zu beendigen. Viel betrübter war es, daß Mac Daniel durch die Art zu denken, zu fürchten und für nichts zu sorgen in böse Gesellschaft geriet, denn ohne Zweifel ist das stille Volk die schlimmste Gesellschaft, in die jemand geraten kann.

Es trug sich zu, daß Mac Daniel in einer klaren Winternacht nicht lang nach Christtag auf dem Heimwege war. Der Vollmond glänzte; doch obgleich die Nacht so schön war, als das Herz nur wünschen konnte, so fiel ihm doch die Kälte beschwerlich. „Bei meiner Treu“, schnatterte er, „ein gutes Glas Wein wäre auch kein schlimmes Ding, das Herz eines Menschen, der innerlich friert, zu stärken; ich wünschte, ich hätte von dem besten und gut gemessen.“

„Brauchst nicht zweimal zu wünschen, Mac Daniel!“ sagte ein kleines Männchen in einem dreieckigen, mit Goldtressen besetzten Hut und mit großen Silberschnallen auf den Schuhen, so groß, daß es ein Wunder war, wie es sie tragen konnte. Es reichte ihm ein Glas, nicht kleiner als seine eigene Person, angefüllt mit einem so guten Wein, als je Augen gesehen oder Lippen gekostet haben.

„Prost, kleiner Mann“, sagte Mac Daniel unerschrocken, wiewohl er gleich merkte, daß jener zu dem stillen Volke gehörte, „auf Euer Wohl und mich bestens zu bedanken; mit der Zahlung hat's gute Wege“, und nahm das Glas und trank es in einem Zuge rein aus.

„Prost!“ sagte der Kleine, „und sei herzlich willkommen, aber denke nicht, mich zu prellen, wie du bei andern getan hast. Heraus mit dem Beutel und als ein ehrlicher Mann bezahlt!“

„Bezahlen soll ich Euch?“ antwortete Mac Daniel, „könnte ich Euch nicht aufhalten und in meine Tasche stecken wie eine Brombeere?“

„Wilhelm Mac Daniel“, sagte der Kleine und ward ganz ängstlich, „willst du mir dienen sieben Jahre und einen Tag, so soll das meine Bezahlung sein. Mache dich bereit, mir zu folgen.“

Als Mac Daniel das hörte, reute es ihn, so keck zu dem Kleinen gesprochen zu haben. Er fühlte sich, und konnte doch nicht sagen wie, genötigt, dem fremden Mann durch das Land zu folgen, auf und ab, über Hecken und Graben, Sumpf und Moor, ohne Rast und Ruhe.

Als der Morgen zu dämmern begann, wendete sich der Kleine um und sprach: „Du kannst nun heimgehen, Mac Daniel, aber auf deine Gefahr säume nicht, dich nachts auf dem Fortfield bei mir einzustellen, sonst wird es dir lange Zeit schlecht ergehn. Finde ich dich aber als einen treuen Diener, so wirst du mich als einen nachsichtigen Herrn finden."

Mac Daniel ging heim; müde und matt, wie er war, ließen ihn die Gedanken an den kleinen

Mann keinen Augenblick schlafen. Doch wagte er es nicht, seinem Gebot ungehorsam zu sein, und in der Abendzeit machte er sich auf und ging nach Fortfield.

Er war noch nicht lange da, so kam der Kleine auf ihn zu und sagte: „Mac Daniel, ich habe für diese Nacht eine weite Reise vor; sattle mir eins von meinen Pferden, das andere kannst du für dich satteln, denn du sollst mich begleiten und bist wahrscheinlich von deinem Gang in voriger Nacht noch müde."

Mac Daniel dankte seinem Herrn für diese Aufmerksamkeit. „Doch", sagte er, „wenn ich mir

die Freiheit nehmen darf, Herr, so möchte ich fragen, wo der Weg nach Eurem Stall ist, denn ich sehe nichts als die Burg hier und den alten Dornstamm in der Ecke des Feldes und den Strom, der in dem Tal unten rinnt, und ein Stückchen Moor uns gegenüber."

„Spare nur deine Fragen", sagte der Kleine, „aber geh hinüber zu dem Stückchen Moor und bringe mir zwei von den stärksten Binsen, die du finden kannst."

Mac Daniel gehorchte, verwunderte sich aber, was der kleine Mann damit wollte. Er zog zwei der stärksten Binsen, die er finden konnte, aus, mit einem kleinen Büschel brauner Blüten an jeder Seite, und brachte sie seinem Herrn.

„Sitz auf, Mac Daniel", sprach der Kleine, indem er eine von den Binsen nahm und quer darüber schritt.

„Wo soll ich aufsitzen, wenn's Euer Gnaden beliebt?"

„Ei, auf den Rücken des Pferdes wie ich natürlich", sagte der Kleine.

„Wollt Ihr einen Narren aus mir machen, wie Ihr einer seid", sagte Mac Daniel, „indem Ihr verlangt, ich soll mich zu Pferd auf dieses Stückchen Binse setzen? Ihr möchtet mir wohl weismachen, die Binse, die ich eben drüben aus dem Moor ausrupfte, sei ein Pferd?"

„Auf! Auf! Ohne Widerrede", sagte das Männchen und sah ängstlich aus, „das beste Pferd, das du je geritten hast, war nur eine Mähre gegen dieses."

Mac Daniel dachte, das alles wäre nur ein Scherz, und besorgt, sein Herr möchte verdrießlich werden, beschritt er die Binse. Der Kleine rief dreimal: „Borram! Borram! Borram!" (d.h. werde groß!), und Mac Daniel tat dasselbe. Augenblicklich schwollen die Binsen zu prächtigen Pferden auf und jagten rasch dahin; aber Mac Daniel, der die Binse zwischen seine Beine genommen hatte, ohne viel zu achten wie, fand sich auf dem Rücken des Pferdes verkehrt sitzen und ganz tölpisch mit dem Gesicht nach dem Schweif. Und so rasch war das Roß mit ihm fortgesprengt, daß es

ihm unmöglich war, sich herumzusetzen, und nichts übrigblieb, als sich an dem Schweif zu halten.

Endlich gelangten sie zu dem Ziele ihrer Reise und hielten vor der Türe eines ansehnlichen Hauses. „Nun, Mac Daniel", sagte der Kleine, „tue, was du siehst, das ich tue, und folge mir auf der Ferse; doch da du nicht deines Pferdes Kopf von seinem Schweif unterscheiden konntest, so hüte dich, daß du nicht in deinen eigenen Kopf den Wirbel bekommst und du am Ende nicht recht weißt, ob du auf dem Kopf stehst oder auf den Beinen; denn kann auch nach dem Sprichwort der alte Rebensaft eine Katze zum Sprechen bringen, so kann er auch einen Menschen stumm machen."

Darauf sprach der Kleine einige wunderlich lautende Worte, aus welchen Mac Daniel keinen Sinn bringen konnte, wiewohl er die Fähigkeit erhielt, sie nachzusprechen. Nun schlüpften beide durch das Schlüsselloch des Tors und so durch ein Schlüsselloch nach dem andern, bis sie in den Keller kamen, der mit allen Arten von Wein wohl versehen war.

Der Kleine fing alsbald an, gewaltig zu trinken, und Mac Daniel, dem das Beispiel keineswegs mißfiel, tat dasselbe.

„Wahrhaftig, Ihr seid der beste Herr", sagte Mac Daniel, „einen bessern gibt's auf der ganzen Welt nicht; ich bleibe mit dem größten Vergnügen in Eurem Dienst, wenn Ihr fortfahrt, mir Wein vollauf zu geben."

„Ich habe keinen Handel mit dir gemacht", antwortete der Kleine, „und will auch keinen machen; doch auf und folge mir."

Sie gingen fort von Schlüsselloch zu Schlüsselloch, und beide stiegen auf die Binsen, die sie am Eingangstor gelassen hatten, und kaum waren die Worte „Borram! Borram! Borram!" über ihre Lippen, so rauschten sie fort, indem sie die dunklen Wolken wie Schneebälle vor sich herstießen.

Als sie zu Fortfield wieder angelangt waren, entließ der kleine Mann seinen Diener, jedoch mit dem Befehl, in der folgenden Nacht um dieselbe Stunde sich wieder einzustellen.

Und so ging es von nun an eine Nacht nach der andern; sie richteten ihre Fahrt bald hierhin, bald dorthin, nördlich, östlich und südlich, bis es in ganz Irland keinen ordentlichen Weinkeller mehr gab, den sie nicht besucht hatten, und sie kannten Blume und Geschmack eines jeden Weines so gut, ja noch besser als der Kellner selbst.

In einer Nacht, als Mac Daniel den kleinen Mann wie gewöhnlich in Fortfield antraf und im Begriff war, nach dem Moor zu gehen und die Reisepferde zu holen, sagte der Herr: „Heute abend mußt du noch ein Pferd mehr mitbringen; möglich, daß wir in größerer Gesellschaft zurückkommen, als wir ausziehen."

Mac Daniel, der schon wußte, daß er einen Befehl seines Herrn ohne weiteres Fragen auszurichten hatte, brachte noch eine dritte Binse, voll Verwunderung, wer es wohl sein könnte, der in ihrer Gesellschaft zurückreisen würde, und ob er einen Kameraden im Dienste bekommen sollte. ‚Ist er nur erst da', dachte Mac Daniel, ‚so soll er jedesmal gehen und die Pferde im Moor holen, denn ich sehe nicht, warum ich nicht von Haut und Haar ein ebenso feiner Mann sein soll als mein Meister.'

Sie machten sich auf den Weg, und Mac Daniel hatte das dritte Pferd am Zügel. Sie hielten nicht eher an, als bis sie zu einem einsam liegenden Pächterhaus in der Grafschaft Limerick gekommen waren, nahe bei der alten Burg von Carrigogunniel, welche nach der Sage von dem großen Brian Boru gebaut war. Drinnen im Haus wurde ein Fest gefeiert, und der Kleine blieb einige Zeit außen stehen, um zu horchen; aber plötzlich kehrte er sich um und sagte: „Mac Daniel, morgen werde ich tausend Jahr alt!"

„Werdet Ihr das, Herr?" antwortete Mac Daniel, „Gott segne Euch!"

„Aber sage das niemand wieder, Mac Daniel, was ich dir da entdeckt habe, es würde zu meinem Verderben auf immer gereichen. Da ich aber morgen tausend Jahr auf der Welt bin, so denke ich, es ist hohe Zeit, mich zu verheiraten."

„Das scheint mir auch so, ohne allen Zweifel", antwortete Mac Daniel, „wenn Ihr willens seid zu heiraten."

„Und bloß aus diesem Grunde bin ich nach Carrigogunniel gekommen, denn in diesem Hause, gerade an diesem Abend ist der junge Darby Riley im Begriff, die Brigitte Runey zu heiraten, und da es ein schlankes und allerliebstes Mädchen ist und von ehrbaren Leuten abstammt, so denke ich sie selber zu heiraten und mit mir fortzunehmen."

„Und was wird Darby Riley dazu sagen?" bemerkte Mac Daniel.

„Schweig", sagte der Kleine und sah ihn mit strengem Blick an, „ich habe dich nicht hergebracht, daß du mir Fragen vorlegen solltest." Und ohne weiter sich über diesen Gegenstand zu äußern, sprach er jene seltsamen Worte aus, welche die Kraft verliehen, durch die Schlüssellöcher so leicht als durch die freie Luft zu gehen, und dem Mac Daniel gefiel es selbst gar sehr, daß er imstande war, sie ihm nachzusagen.

Beide drangen also hinein, und um die Gesellschaft besser zu sehen, hüpfte der Kleine behend wie ein Sperling auf einen von den dicken Balken, welche quer durch das Haus über den Häuptern der Leute herliefen, und Mac Daniel tat dasselbe von der andern Seite. Doch nicht gewohnt, auf einem solchen Platz, wie auf einer Hühnerstange,

zu sitzen, hingen seine Beine so ungeschickt als möglich herab, und offenbar hatte er sich die Art, mit welcher der Kleine sich zusammenkauerte, nicht zum Muster genommen. Aber dieser, wenn er sein Lebtag ein Schneider gewesen wäre, hätte nicht zufriedener mit unterschlagenen Beinen dasitzen können.

So saßen beide, Herr und Diener, und schauten auf das lustige Fest herab, das vor ihren Augen begangen wurde. Da war der Geistliche, der Pfeifer, der Vater von Darby Riley mit Darbys zwei Brüdern und seines Oheims Sohn; da war der Vater und die Mutter von Brigitte Runey (das alte Paar war diesen Abend stolz auf die Tochter, und das mit allem Recht) und ihre vier Schwestern mit funkelneuen Bändern auf den Mützen und ihre drei Brüder, die alle so frisch und munter aussahen als je drei Burschen in Munster; da waren Oheime und Muhmen, Gevatterinnen und Vettern genug, um das Haus voll zu machen. Da war Essen und Trinken im Überfluß und Platz an dem Tisch für jeden, und wenn die Zahl noch einmal so groß gewesen wäre.

Nun ereignete es sich, gerade als Frau Runey dem Geistlichen bei dem ersten Schnitt in das Haupt des Spanferkels, das mit weißem Wirsing köstlich gefüllt war, hilfreiche Hand leistete, daß die Braut niesen mußte. Jedermann an dem Tisch fuhr auf, aber keine Seele sprach: „Gott segne uns!“, denn alle dachten, der Geistliche würde das tun, wie er auch, wenn er seine Pflicht beachtet hätte, tun mußte, und niemand wollte ihm das Wort vor dem Munde wegnehmen, während er unglücklicherweise mit dem Haupt des Spanferkels und dem Gemüse beschäftigt war. Nach einem augenblicklichen Stillschweigen machten Scherz und Fröhlichkeit bei dem Fest, daß der fromme Segenspruch vergessen wurde.

Bei diesem Umstand waren beide, Mac Daniel und sein Meister, von ihren erhabenen Sitzen herab keine gleichgültigen Zuschauer.

„Ha!“ rief der Kleine, indem er mit freudiger Bewegung ein Bein unter sich hervorzog und sein Auge mit ungewöhnlichem Feuer funkelte, während seine Augenbraunen sich spitz in die Höhe zogen, „ha!“ sagte er, schielte nach der Braut und dann nach Mac Daniel, „halb habe ich sie; wahrhaftig, laß sie nur zweimal niesen, so ist sie mein, dem Priester, Meßbuch und Darby Riley zum Trotz!“

Die schöne Braut nieste zum zweitenmal, doch so sanft und verschämt, daß wenige, den kleinen Mann ausgenommen, es bemerkten oder zu bemerken schienen und niemand daran dachte zu sagen: „Gott segne uns!“

Mac Daniel hatte während dieser Zeit das arme Mädchen mit den traurigsten Blicken angesehen, denn er mußte beständig daran denken, wie betrübt es wäre für ein artiges junges Geschöpf von neunzehn Jahren, mit großen blauen Augen, zarter Haut und Grübchen in den Backen, von Glück und Lust erfüllt, gezwungen zu werden, ein garstiges, kleines Stück von einem Manne zu heiraten, der tausend Jahr weniger einen Tag alt ist.

In diesem entscheidenden Augenblick nieste die Braut zum drittenmal, und Mac Daniel rief aus allen Kräften: „Gott segne uns!“ Ob dieser Ausruf eine Folge seines Selbstgesprächs war oder Macht der Gewohnheit, konnte er selbst nicht genau sagen. Aber kaum waren die Worte heraus, so sprang der kleine Mann, dessen Gesicht von Zorn und Verdruß glühte, von dem Balken, auf welchem er gehockt hatte, herab und schrie mit dem grellen Ton einer kreischenden Sackpfeife: „Ich entlasse dich aus meinem Dienste! Nimm das zum Lohn!“, wobei er dem Mac Daniel einen wütenden Stoß gab, der den armen zappelnden Diener auf Gesicht und Hände mitten zwischen die aufgetragenen Speisen herunterstürzte.

Wenn Mac Daniel erschrocken war, so war es ein jeder in der Gesellschaft, in welche er ohne alle Feierlichkeit eingeführt wurde, noch mehr; doch als sie seine Erzählung hörten, legte Vater Cuney gleich Messer und Gabel hin und traute das junge Paar auf der Stelle. Mac Daniel tanzte die Rinka bei der Hochzeit und aß und trank nach Herzenslust, worauf er mehr hielt als auf den Tanz. ♦

Das Hexenpferd

Das Märchen von
der unheimlichen Wallfahrt

♦

Die Geschichte von Morty Sullivan mag allen jungen Leuten zur Warnung dienen, in der Heimat zu bleiben, sich still und redlich zu nähren und nicht in der Welt umherzuziehen. Als Morty eben das fünfzehnte Jahr erreicht hatte, lief er seinen Eltern fort, die ein altes, ehrenwertes Paar waren und seinetwegen mehr als eine Träne vergossen. Alles, was sie von ihm in Erfahrung bringen konnten, war, daß er an Bord eines nach Amerika bestimmten Schiffes gegangen wäre. Der Kummer über seinen Verlust brach ihnen das Herz.

Dreißig Jahre, nachdem sich die Alten in das stille Grab gelegt hatten, kam ein Fremder nach Beerhaven und erkundigte sich nach ihnen; es war ihr Sohn Morty, und die Wahrheit zu sagen, sein Herz schien kummervoll, als er hörte, daß Vater und Mutter längst gestorben wären.

Doch welche Antwort konnte er denn sonst erwarten? Reue kommt gewöhnlich, wenn es zu spät ist.

Indessen ward dem Morty Sullivan zur Buße für seine Sünden eine Wallfahrt zu der Kapelle der heiligen Gobnate angeraten; dies ist ein öder Platz, Ballyvourney genannt.

Er war sogleich bereit dazu, und in der Absicht, keine Stunde zu verlieren, fing er noch denselben Nachmittag seine Reise an. Er war noch nicht sehr weit gekommen, als schon die Nacht anbrach. Es schien kein Mond, und das Sternenlicht verdunkelte sich durch dicken Nebel, der in den Tälern aufstieg. Der Weg ging durch eine Berggegend mit vielen Kreuzwegen und Nebenpfaden, so daß es für einen Fremden wie Morty schwerfiel, ohne Führer sich zurechtzufinden. So groß sein Eifer war, das Ziel seiner Wallfahrt zu erreichen, und sosehr er sich selbst antrieb, wurde er doch, als die Nebel immer dichter und dichter wurden, zuletzt ungewiß, ob er auf rechtem Wege sei.

Als er daher ein Licht erblickte, welches ihm nicht weit entfernt schien, ging er darauf zu, und wie er sich ganz nah dabei glaubte, so schien das Licht plötzlich wieder in weiter Entfernung zu sein und schimmerte nur ganz schwach durch den Nebel. Sosehr sich auch Morty darüber erstaunte, so ward er doch dadurch keineswegs entmutigt; denn er dachte, das sei ein Licht, welches die heilige Gobnate gesendet habe, um seine Füße sicher durch das Gebirge zu ihrer Kapelle zu leiten.

So ging er noch einige Stunden fort, immer,

wie er glaubte, dem Lichte sich nähernd, welches plötzlich in eine weite Entfernung gesprungen war. Endlich kam er doch so nah, daß er bemerkte, das Licht rühre von einem Feuer, neben welchem er deutlich ein altes Weib sitzen sah. Jetzt in der Tat wurde sein Glaube ein wenig erschüttert, und es nahm ihn sehr wunder, daß beides, das Feuer und das alte Weib, vor ihm hergezogen waren, so manche saure Stunde und über so holperigen Weg.

„Im Namen der heiligen Gobnate", rief Morty, „und ihres Lehrers, des heiligen Abban! – Wie kann ein brennendes Feuer sich so schnell vor mir her bewegen, und wie kann das alte Weib neben dem springenden Feuer sitzen!"

Kaum waren diese Worte über seine Lippen,

als er sich, ohne nur noch einen Schritt zu tun, nahe bei dem wunderbaren Feuer befand, neben welchem das Weib saß und sein Abendessen kaute. Bei jeder Bewegung ihrer alten Kinnbacken richteten sich ihre Augen zornig auf Morty, als fürchtete sie gestört zu werden. Er sah mit dem höchsten Erstaunen, daß ihre Augen weder schwarz noch blau noch grau noch nußbraun waren, wie menschliche Augen, sondern von einer seltsam roten Farbe, gleich den Augen des Wiesels. Wenn er sich zuvor über das Feuer wunderte, so war seine Verwunderung über das Wesen des alten Weibes noch viel größer, und bei aller natür-

lichen Unerschrockenheit konnte er sie doch nicht ohne Furcht ansehen, denn er urteilte, und zwar mit Recht, daß sie eines guten Vorhabens wegen nicht an einem so einsamen Ort ihr Abendessen verzehre, zumal so spät, denn es war nahe an Mitternacht. Sie sprach kein Wort, sondern kaute und kaute, während Morty sie schweigend betrachtete.

„Wie heißt Ihr?“ rief zuletzt die Hexe, und ein übler Schwefelhauch kam aus ihrem Mund, wobei sie die Nüstern aufblies und ihre Augen noch mehr funkelten, nachdem sie die Frage getan hatte.

Seine ganze Herzhaftigkeit aufbietend, antwortete er: „Morty Sullivan, Euch zu dienen“; doch waren die letzten Worte bloß als eine Höflichkeit gemeint.

„Hoho!“ rief die Alte, „das wird sich bald zeigen!“, und das rote Feuer ihrer Augen verwandelte sich in Blaßgrün. So kühn und furchtlos auch Morty war, zitterte er doch heftig, als er den grauenhaften Ruf vernahm. Er wollte auf seine Knie fallen und die heilige Gobnate oder sonst einen Heiligen anrufen, war aber dermaßen von Schrecken erstarrt, daß er sich nicht im geringsten rühren konnte, geschweige auf seine Knie fallen.

„Faßt meine Hand, Morty“, sagte die Alte, „ich will Euch ein Roß reiten lassen, das Euch bald an das Ziel Eurer Reise bringen soll.“ Mit diesen Worten führte sie ihn auf den Weg, und das Feuer ging vor ihnen her. Es übersteigt menschlichen Verstand, zu sagen, wie es ging, aber es ging fort, leuchtende Flammenzungen ausstreckend und heftig prasselnd.

Jetzt gelangten sie zu einem riesigen schwarzen Steintisch hoch auf der Spitze eines Felsens. Die Alte rief laut mit einer kreischenden Stimme nach ihrem Pferd. In einem Augenblick brauste ein pechschwarzes Roß aus seinem dunklen Stall hervor, und der Felsenboden ertönte schauerlich, als die schallenden Hufe darüber her schurrten.

„Aufgesessen! Morty, aufgesessen!“ schrie die

Hexe, und mit übernatürlicher Kraft ihn pakkend, zwang sie ihn, sich auf den Rücken des Pferdes zu setzen. Morty fand hier menschlichen Widerstand vergeblich, murmelte: „Oh! Hätte ich nur Sporn!", und versuchte in die Mähnen des Rosses zu greifen; doch er griff nach einem Schatten, welcher ihn gleichwohl aufnahm, mit ihm fortsprengend bald über einen gefährlichen Abgrund setzte, bald über das wild zerrissene Bett eines reißenden Flusses wegflog und gleich einem dunklen, mitternächtigen Strom durch das Gebirg rauschte.

Am folgenden Morgen ward Morty Sullivan von einigen Wallfahrern entdeckt, welche von der Kapelle der heiligen Gobnate zurückkamen. Er lag, auf dem Rücken ausgestreckt, unter einem

steilen Abhang, von welchem ihn die Phuka herabgeschleudert hatte. Morty war durch den Fall hart beschädigt, und er soll auf der Stelle bei der Hand des O'Sullivan, und das ist kein geringer Eid, gelobt haben, niemals wieder die volle Flasche mit auf die Wallfahrt zu nehmen. ♦